读客经管文库

长期投资自己，就看读客经管。

7-Eleven便利店创始人自述

零售心理战

不要为顾客着想，而是要站在顾客的立场上思考

［日］铃木敏文 著（7-Eleven创始人）

顾晓琳 译

江苏凤凰文艺出版社
JIANGSU PHOENIX LITERATURE AND
ART PUBLISHING, LTD

序

"有7-Eleven真好！全年无休真方便！"

很多人至今仍然清晰地记得7-Eleven便利店初期投放的电视广告中，那句"全年无休真方便"的经典广告词。这是当初广告设计人员让我用一句话总结便利店的特点时，我脱口而出的句子。

从1976年，也就是便利店正式营业第三年起至1982年，7-Eleven便利店一直沿用了这句广告词。在此期间，日本人的作息逐渐趋向不固定，24小时都可能是活动时间，而7-Eleven便利店"全年无休"的卖点也不偏不倚地响应了这一变化，广受大众，尤其是年轻人的支持。甚至连电视广告词也成为了当年的流行句式。虽然这是我不假思索说出的句子，却精准地表现出了便利店的特色。

我由此联想到，如果有人要求我用一句话概括"销售力"，我又该如何作答呢？所谓"销售力"，从卖方的角度来看，正如字面意义一样是指销售产品的能力；但是从另一个角度而言，指的则是能让顾客感到"买对了""吃对了""来对了"等的能力。

例如在产品单价高达几千万日元的房地产领域，长期占据业绩榜首位的销售精英大多拥有一个共同的特征，即善于在短时间内与客户建立信赖感，让客户发自内心地觉得"由他负责实在太好了""这次真是没选错人"。

如果你有信心让顾客感到"选择从你这里购买产品真是选对了"，那你无疑已经掌握了极高的"销售力"。

反之，即使顾客抱有"试着买买看""试着尝一口""试着光顾一次"的兴趣，却在尝试之后后悔地想，"要是没买就好了""要是没吃就好了""要是没去就好了"，这样的话商家永远也留不住回头客。

总之，对消费者而言，所谓"销售力"即指让他们感到"买对了"的能力。因此作为卖方，必须以"顾客代理人"的姿态不断为消费者提供他们所需求的产品或服务。如此想来，也不难理解7&i控股集团能以高达9万亿日元的营业额占据流通行业龙头位置的缘由。

其实，自从我30岁转行进入经营大型综合超市的伊藤洋华堂以来，几乎从未有过在门店销售的经验，也没有站在收银机前收过款。恐怕在整个集团内，这样的人除我以外再找不出第二个。

我曾经在门店内接待过顾客，却没派上半点用场，还被同事点评说："你站在那儿好像随时要找顾客吵架似的。"如果您读了第一章的开头，相信就能明白其中的缘由了。

然而，这样缺乏第一线零售经验的我却一手创立了7-Eleven便利店，现在也执掌流通集团的经营大权。之所以能做到这一点，是因为我一直将心比心地对待顾客，坚持一切从"顾客立场"考虑问题的原则。

例如，在每个工作日的中午，我总是无一例外地和其他董事试吃7-Eleven的新款便当及配菜；而周末上午从健身房回家的途中，我还会顺道去附近的7-Eleven便利店为家人和自己购买午餐。一旦发现产品的品质与口味有所下降，即使该产品当前的销量还不错，我也会立即勒令所有门店停止销售。然后在我下达指示后的20分钟内，北至北海道、南至九州的超过15000家门店，全将从货架上撤去问题产品，所造成的损失都由7-Eleven总部承担。

即刻停止销售可能造成高达几千万日元的庞大损失。商家通常的做法是暂且不变动已经陈列于门店的产品，继续维持可售状态，等第二天到公司进一步研究后再做判断。然而，这显然是一种以"卖方为优先"的思维方式。如果在发现问题的那一刻，恰巧有顾客购买了该产品，产生"要是没买就好了"的后悔体验，那么无论其他产品的品质再怎么卓越，顾客也会认定"7-Eleven便利店的便当不过如此"。

一款产品的负面因素与公司整体的形象息息相关——这是我摒弃卖方立场、站在顾客角度思考时所注意到的一个关键点。

为了让顾客感到"买对了""吃对了""来对了"，我们坚持"站在顾客的立场上"，全方位提高产品品质，决不轻易地做出妥协。这一原则强化了7-Eleven的"销售力"，成功地令所有门店的单日平均营业额保持在67万日元左右，比其他大型连锁品牌高出了12万至20万日元。

读者朋友们每天都会成为某种形式上的顾客，经历"买对了""吃对了""来对了"的体验，当然也可能产生与之相反的情绪。由此可见，其实任何人的潜意识中都对"怎样提高销售力"的答案了然于胸。不过当身份转换为卖方时，却往往很容易忽视这一浅显的道理。

卖方和买方的观点总是截然相反。以"售罄"为例，卖方通常把"销售一空"的现象视为自身具有一定"销售力"的表现。但另一方面，当顾客光临商店，看到货架上空空如也，则必定会对卖方不满："为什么事先不多备些货呢？"然后产生"早知道就不来了"的后悔情绪，判断这家店的"销售力"不足。由于商店打烊前的售罄现象确实引起了机会损失，所以我更赞同买方的观点。

事实上，如果7-Eleven便利店采购的产品比预想中售罄得更快，负责人则会视其为订货失误，要求员工在未来避免出现类似的缺货问题。

在物质过剩的买方市场，提升"销售力"不能从卖方的视角入手，而应该站在买方的立场上思考判断。

身处消费市场饱和、产品轻易得不到好销路的时代，如何才能让顾客产生"买对了""吃对了""来对了""因此以后也要继续使用"的想法？如何才能保持较高的"销售力"？本书将通过消费者的视角，寻找这些问题的答案。

例如，当我们集团推出的最新产品掀起购买热潮后，我下达的指示并不是"花更多功夫在销售上"，而是"马上着手开发这一产品的新版本"。其中的原因我将会在后文加以解释。

又比如作为流通业界的常识，自有品牌（Private Brand，PB）的价格一直比制造厂商的全国性品牌（National Brand，NB）更"亲民"。但我们提出的PB理念，却是研发与专门店的NB产品相比，品质与价格相近甚至更高的产品，而这一理念也带领我们的PB产品获得了畅销。我在后文也会进一步阐明关于PB产品畅销的根本原因。

除此以外，我还准备在本书中介绍有关促销活动的切入点和策划秘诀以及我收集各种重要信息的方法。

在这里插一句题外话，前不久的一次经历让我再次感受到了站在消费者立场思考问题的重要性。《四季报》是7&i控股集团的季度宣传刊物，每期我都会邀请嘉宾进行专题访谈，并以此作为刊物的卷首特辑。在2013年的秋季刊号上，我邀请到了畅销作家百田尚树。他曾凭借销量突破250万本的《永远的零》走红，最近的新作《被称作海贼的男人》也热卖了140万本。

对话百田的过程中，他下面的一席话令我最为印象深刻。百田说："在所有文学类奖项中，我最深感荣幸的是凭借《被称作海贼的男人》获得了由全国书店店员投票评选出的'书店大奖'。"

书店职员多是热爱阅读的人。因此"书店大奖"不同于其他文学类奖项，是所有爱好读书的店员们站在读者的立场阅读后感到"有趣""选对了书"，因此"想推荐更多人阅读"而票选出的文学类奖项。百田觉得获得"书店大奖"比获得其他权威性奖项更感到荣幸，我认为这种想法也符合当今时代的特点。

过去的二十多年间，我代表《四季报》访谈了各行各业八十多位著名人士。在本书中，我将随时提到这五六年间的采访对象中对"销售力"独具慧眼的人，并介绍他们的宝贵经验和思维模式。具体的出场人物有如下活跃在各行各业第一线的名人：

秋元康（作词家、制作人）、佐藤可士和（艺术指导、设计师）、见城彻（幻冬舍社长）、牛窪惠（评论家）、镰田由美子（JR东日本Ecute的创始人）、高岛郁夫（经营Francfranc的日本BALS公司社长）、小菅正夫（旭山动物园前任园长）、楠木建（《战略就是讲故事》的作者、经营学者）等等（排名不分先后）。

在此，我要向每位受邀的访谈嘉宾表示最诚挚的感谢。

1963年，我从大学毕业后供职的东京出版社贩卖公司（即现在的东贩）转入了属于流通行业的伊藤洋华堂。接着在1973年力排公司内外的强烈非议，创建了7-Eleven便利店。此后，我在进入流通行业的第五十年，即711便利店成立的第四十年出版了以"销售力"为题的书①，这种巧合实在是让人感觉奇妙。

① 即本书《零售心理战》，日版原名是《销售力》。

执笔本书时，我从读者的视角出发，结合了大量具体事例和本人的亲身经历，想尽可能做到通俗易懂。如果您在通读了本书后，感到"选对了书""买对了书"，那么我也将欣慰地认为"这本书，我写对了"。

7&i控股集团CEO　铃木敏文

2013年秋

目 录

第一章

创造"新兴事物"的秘诀

在创造新事物、挑战新项目的时候，如果找不到现成的方法，就需要自己研究和开拓新的道路；如果无法达成所有的必备条件，就去改变条件本身。之所以大多数人反对的事业往往能收获成功，是因为开拓者们面对质疑时反而越挫越勇，想要成就事业的信念与主人翁精神愈发强烈，并且一旦攻破难关就能创造出前所未有的新价值的缘故。

◎ 不变的"立场"与全新的"素材"

或许你会觉得不可思议,小学时期的我是一个性格极度内向、十分容易紧张的孩子。虽然在家里我能口齿伶俐、清晰流畅地朗读课文,可是一旦在课堂上被老师点名朗读时,我的脑海就变得一片空白。文章读得磕磕绊绊不说,有时对老师提出的问题,我明明知道答案,却又瞻前顾后,畏畏缩缩,总要等别人都举手后才怯生生地跟着伸出手——过去的我就是这样一个胆小的孩子。

畏缩胆小的性格让我暗自着急。升入中学以后,为了克服怯场的毛病,我主动报名参加了学校的辩论队。此后,我逐渐变得能在他人面前自如地说话,到了高中甚至还被推选为学生会会长。不过,与生俱来的秉性终究难以完全转变,直到现在我依然不擅长和初次见面的陌生人一对一谈话,尤其对聊天不在行,一旦交谈时间超过了30分钟,我就常陷入无话可说的窘境。

然而这样的我，每次都会为7&i控股集团的季度宣传刊物《四季报》访谈各行各业的著名人士。这一传统已经延续了二十多年，迄今为止我访谈过的嘉宾约有八十多人，在其中有了许多崭新的发现与感悟。

虽然不善聊天，但我却能以己度人，把自己的想法抛给对方，因此反而可以游刃有余地针对不同嘉宾展开访谈。谈话时，如果我对嘉宾的话语产生了同感，则会尝试引出自己的想法。然后，对方再对我的想法表以回应。这种你来我往的思维碰撞中，双方往往能迸发出许多预想之外的话题。

在对话著名女子偶像团体AKB48的总制作人秋元康时正是如此。说到秋元康其人，他不仅以词作者的身份创作了不少脍炙人口的经典歌曲，还掀起了许多发展成为社会现象的流行热潮，可谓是一位行走在时代最前列并具有卓越才华的创作人。

我们7&i控股集团在举办各种宣传类营销活动时也经常邀请秋元坐镇策划。例如情人节期间的商业竞争中，秋元凭借"从'告白'至'感谢'"这一前所未有的切入点成功打动了顾客的心，取得了巨大的效果。又比如母亲节的营销活动中，他以"请把感谢说出口"为主题，策划了让母女共同过节的崭新概念，同样取得了顾客的强烈反响。

另外，AKB48偶像团体也在我们集团的购物网站——Seven购物网上建立了官方旗舰店。她们经常配合7-Eleven便利店进行联合宣传活动，得到了目标受众群体的广泛好评。

这些工作上的缘分，让我有机会请到了秋元康本人展开访谈。主要论题是在被定义为"消费饱和"的当今时代，寻找出破解消费疲软的秘诀。

经典的问题有：在瞬息万变的社会中，为什么秋元接连不断地推出了抓住人心的"提案"？从秋元的立场看来，震撼人心的"创新"究竟有些什么标准？

7&i集团的两项核心经营原则是"应对变化"和"贯彻基本"。秋元先生的想法与此不谋而合，认同"只有随变化而改变，才能获得胜利"的观点。于是我顺势从"制作人工作的关键是否同样也在于应对变化"的话题慢慢切入了主题。秋元以自身的经历为例，谈到了对世间变化的感想：

> 对于消费的认识，现在的年轻人和我们这些五十多岁的中年人可谓大相径庭。我的消费观就和比我年纪小十一岁的妻子完全不同。例如，我认为除非万不得已，平时都应该在家中事先备好应急灯

泡或者卫生纸等生活必需品。但我的妻子却不以为然，她觉得这些都是消耗品，要是用完了，直接去离家不远的便利店购买就行了。此外，在音乐等娱乐性消费上两者也存在不少差异。比如我们这代人习惯购买歌手正式发行的音乐专辑，聆听欣赏偶像演唱的全部曲目。而现在的年轻人则更倾向于通过网络下载自己喜欢的单曲。

消费价值观本身在不断发生变化，即使是家庭伴侣，如果年龄相差近一轮，两人的观念也全然不同。因此，能否灵活应对变化是十分关键的能力——秋元在指出这一要点后，又以笑星北野武①、TUNNELS（由石桥贵明和木梨宪武组成的搞笑组合）和DOWN TOWN（由浜田雅功和松本人志组成的搞笑组合）为例，点明了这些几十年来都长盛不衰地活跃在日本演艺界第一线的人们"持续走红的缘由"。

---

① 日本著名电影导演、演员。早年曾担任相声演员，成为日本1980年代相声热潮的灵魂人物。

"普遍适用型笑料"的有趣视角

秋元康告诉我，在搞笑艺人界，笑料分为"普遍适用型"和"容易厌倦型"。所谓"容易厌倦型"的笑料，是指单一依赖于"俏皮话"的逗乐方式。可是即使这句俏皮话短期内风靡全国，荣登了当年的流行语榜单，最终也难以逃脱被大众厌倦的结局。

与此相比，北野武等知名笑星则不常采用这种"容易厌倦型"的笑料，而是以现在的流行话题为"素材"，从独特的视角切入，通过语言或表演的形式向观众展现其中的有趣之处。由于这种笑料的视角独特且不乏趣味性，所以观众也不容易生厌。

秋元康曾以"中药"与"抗生素"，比喻不变的"立场"和新"素材"之间的关系，这点让我觉得非常精辟。正像人们长期使用中药处方改善体质一样，长久不变的立场即是创新的根基。在此基础上，如果加入了犹如"抗生素"般具有速效功能的新"素材"，那么在两者的相互碰撞中必将形成最理想的结果。

美空云雀①最后一首经典遗作《川流不息》正是典型例证。该曲由秋元康担当制作和作词，以日本人特有的感性世界为基础，把人的一生比作一条延绵的河流。词曲完成后再交给度过了戏剧性半生的美空云雀吟唱，又取得了速效作用。结果，这首歌曲不仅受到了追随偶像多年的歌迷的热爱，也受到了年轻一代的广泛喜爱。

据闻，《川流不息》的歌词是秋元康在纽约生活了一年后有感而发的作品。当时他对故乡的思念之情愈发浓烈，某天临窗眺望哈德逊河（Hudson River），思考"我到底在做些什么"时，脑海中突然浮现出了《川流不息》的歌名与歌词。或许是人在异乡的体验，让秋元在歌曲中加入了有别于传统演歌②的新元素。

结合不变的"立场"和崭新的"素材"，即能创造"普遍适用型笑料"；在如同"中药"的基础之上加入"抗生素"般的速效元素，畅销产品也随之而生。这样的组合搭配，在其他领域中也屡见不鲜。

---

① 原名加藤和枝，日本文艺巨星，享有"歌坛女王"之誉。后来因与日本黑社会山口组牵扯而闹出"云雀丑闻"事件，加之胞弟加藤哲犯罪被捕，美空云雀一度遭遇拒演，健康状况日趋恶化，最终于1989年去世。
② 指日本独有的歌曲种类。

旭山动物园为何长年维持着爆棚的人气?

在前任园长小菅正夫和其他职员的共同努力下，位于北海道旭川市的旭山动物园实现了"奇迹般的改革"，不仅摆脱了濒临倒闭的危机，还成功转型为日本屈指可数的热门动物园。我曾有幸邀请到小菅正夫参加《四季报》的访谈，发现他在动物园和动物的世界中，运用了与秋元康异曲同工的方法。

过去，旭山动物园和多数动物园一样采用了我们熟悉的"动物形态展示法"：把动物们关入笼栅中，让游客在笼外观赏它们各异的姿态和形象。但是，到了20世纪80年代后期，旭山动物园却一度陷入了破产危机，面对严峻的考验，以小菅正夫为首的工作人员反复自问："从今往后，动物园应该选择怎样的经营方式呢？"

只有当动物能以自主的意志活动时，才会向游客展现出勃勃的生机。如果是这样的话，就应该创造对应的生活环境让动物们可以自由活动，释放与生俱来的天性。想到这一点，小菅正夫决定以"传达生命力"为新的理念，重塑动物园的形象。为此，他思考出了独特的"行动展示法"，引导动物重现活力。结果这一措施获得了游客们压倒性的支持。

后文中，我将详细介绍"行动展示法"方案的形成过程。这里想要着重关注的是形成新方案之后的努力。小菅正夫告诉我："如果想向游客展示动物的魅力，首先要让动物心情愉快地度过每一天，避免它们因无所事事而整天呼呼大睡。如果动物们每天保持愉悦的心情，游客则可观赏到它们快乐生活的样子。为了达成这一点，我们想尽了一切办法。"

他接下来的一番话尤其让我印象深刻："不过，即使想出了一种让动物乐在其中的招数，反复运用几次，它们也会逐渐厌倦。因此，必须不断推陈出新，采用新鲜的方案。"

如果动物因玩腻了而感到无趣，那么入园观赏它们的游客也必定感到无趣。因此我们把"传达生命力"视作不变的立场，在此基础上常换常新地加入作为速效元素的新"素材"。

例如对猴山的布置上，饲养员为了真实还原自然界，把饲料藏在需要花心思寻找的隐秘之处，使得猴子们必须全神贯注地觅食。但是如果掩藏食物的地方一直固定在这么几个位置，不仅猴子提不起精神，游客也会看腻。所以，工作人员总是想方设法地寻找新的藏食之处。

如上所述，旭山动物园从未停下创新的脚步，不断酝酿出新的创意，最终成功转型为"看不腻的动物园"，让全国乃至全世界的游客都为之着迷。

越美味的东西越容易生腻

秋元康和旭山动物园的故事浓缩了"销售力"的一个基本要素。以食物为例，商家只有推出美味的东西，顾客才愿意购买。但是反过来说，"美味的东西"同样也是"容易生腻的东西"。食物做得越美味精致，顾客越容易生腻。

我经常对员工说："很多人认为，如果一周能连续三四天都在高级餐厅用餐是一件奢侈而令人艳羡的事。然而真正得到了这种机会时，人往往只在最初尝试抱有新奇感，之后反而将无比惦记茶泡饭或者拉面的味道。无论再怎么美味的食物，顿顿都吃的话依然逃不过让人生腻的命运。"

过去我们公司曾位于千代田区的三番町，那时四周没有什么价格适中的餐馆，董事们每天的午餐大多是鳗鱼、寿司以及著名饭店的外送便当等高档食物。口味虽然出类拔萃，可是天天这么吃依然让人感到腻味。这段经历让我们充分体验到了"越美味的东西越容易生腻"的道理。

我们的产品也遵循同样的规律。2013年4月，7-Gold，即比7&i控股集团的自有品牌（Private Brand，PB）7-Premium更高端的产品系列，正式向市面推出了"黄金面包"。虽然7-Premium系列也提供面包类食品，但"黄金面包"与此不同，是以我"想要制造出更好吃的面包"为基础研制而成的产品。"黄金面包"百分之百地选用了高端的特制小麦粉，并使用麦芽提取物促进发酵，再添加了产自北海道的生奶油和从加拿大进口的蜂蜜，最终形成令人回味无穷的香甜口感。同时，我们选择了需要花费大量时间的手工揉面工序，更让面包增添了一分香甜松软的独特风味。

一袋重约1斤的"黄金面包"中共有6片面包，售价250日元[①]，比生产商全国性品牌（National brand，NB）面包的定价高出了50%以上，也是过去PB产品价格的两倍。尽管如此，它松软香甜的独特口味依然得到了消费者的大力支持。黄金面包上市后仅过两周，总销售数就突破了65万个，营业额超出了预期的1.5倍，并在之后连续攀升，短短4个月共售出了1500万个，成为了当之无愧的畅销产品。

到了这一阶段，商家普遍的做法是要求员工趁热打铁地专注于销售。但我却下达了"立刻开始研发新一代产品"的

---

① 2013年4月时，100日元约合人民币6.5元。

指示。"黄金面包"虽然口味出众，却也容易令消费者生腻。作为优秀的商家，不应该等到消费者生腻之后再着手开发新产品，而应该提前研发，并在一种产品被厌倦时立即投入新的产品。所以，当"黄金面包"尚处于热卖的时期，我就提出了研发新产品的要求。

为了满足顾客的需求，商家必须提供美味的食品，但同时这又意味着我们将不可避免地研发出"美味到让人容易生腻"的产品。许多人误以为优秀的商家有能力创造让顾客难以腻烦的产品。然而，这其实是一个貌似真理的假象。商家实际必须源源不断地推出"美味到让人生腻"的产品，在时间层面上实现为顾客提供"难以腻烦的产品"。

流行现象也是同样的道理。流行事物在积累到一定数量之前并不能被称为流行。无论何种类型的服饰，如果只有零星几个人愿意穿上身，也只会被视为奇装异服。但是，一旦人们预感到了流行的趋势，则将引发从众心理，不管服装是否符合自身气质都去争相模仿追逐，于是最终促成了流行。

但另一方面，人们既有从众心理，又有标新立异、追求与众不同的自我意识。因此当流行达到某个数量级后，人们就会渐渐厌倦，把目光投向新的目标。因此整个流行的周期无法长久地延续下去。总而言之，经营在紧跟流行趋势的同时，也是在销售必定让消费者生腻的产品，或者说在制造一种让消费者对产品生腻的状况。所以作为商家，必须抱有这一觉悟，以此为基础透彻地分析追随流行的最优方法以及转换至下一轮流行的最佳时机，如此才能为顾客持续提供"不易生厌的产品"。

正如北野武等笑星让观众们百听不厌的"普遍适用型笑料"一样，经营的关键是如何在保持坚定"立场"的同时加入新的"素材"。换言之就是如何以长久的经营理念为基础，配合具有速效作用的元素，创造出畅销产品。

作为我本人而言，不论是四十年前创办的7-Eleven便利店，还是执掌集团内其他类型的企业，我在经营上始终贯彻了这一理念。因此，秋元康的想法让我产生了很大的共鸣。

那么，如何才能创造出消费者追求的新鲜事物呢？又该怎样把握不变的"立场"和新颖的"素材"呢？对于这些问题，我想以自身的体会和访谈嘉宾们在各自领域的感悟为例，逐一进行解答。

◎ 为什么需要"销售力"？

大学毕业后，我被出版经销行业的著名企业——东京出版社贩卖公司（即现在的东贩）录取。而到了1963年，30岁的我又转行去了经营新兴综合超市的伊藤洋华堂。不过，进入流通业并非我的志向，改行的初衷也完全是出于其他的目的。

在20多岁时，我隶属于东贩公司的宣传部门，负责半月刊《新刊新闻》的编辑工作。《新刊新闻》的目标读者是有大量购书需求的爱书之人，因此起初的编辑方针侧重于介绍各种新的出版读物，类似于一本新书目录。在我入职之初，刊物的发行量只有区区5000册左右。

我每天的主要工作是浏览几十本新出版的图书，概括每本书的主要内容，再编制成新书目录。这一工作持续了三年左右。因为没有充裕的时间让我逐字逐句地仔细阅读每本新书，再加上自己天生怕麻烦的性格，所以我独创了一套速读法：拿到一本书时首先阅读目录，大致了解下整体内容，然后在这一基础上选择性地阅读重点章节，最后再看一看结尾部分，就能基本把握全书的脉络。

既然由我负责刊物的编辑工作，自然会萌发提高发行量的想法。但是我当时的直属上司并不赞成为刊物花费过多的宣传费用，甚至没有任何提高发行量的计划。当时这本刊物在书店实行免费制，其发行成本由各大书店与东贩公司分摊。

于是，我又建议增加刊物内容的趣味性，把刊物改成收费发行。因为我认为再热爱读书的人也不愿成天只抱着学术或文学类专著，他们反而更需要一本主题轻松愉快、可以调节心情的读物。出于这一考虑，我提交了新的改革方案，即减少刊物中新书目录的篇幅，增加基调轻松的文章，把刊物的开本由原来的16开缩小至更易随身携带的32开版。

当方案最终得到通过后，作为提案人的我一力承担了包括选题、内容编辑、采访、撰稿、印制在内的多项职责，每天都必须汲取新的知识。在策划选题方面，我绞尽脑汁想出了各种独具匠心的内容。例如，大文豪谷崎润一郎对话他最喜欢的女演员——淡路惠子、就读东京大学期间获得芥川文学奖的新生代作家大江健三郎和松竹首席演员冈田茉莉子间的特色访谈、畅销书作家吉行淳之介和他同班同学的儿时趣事、新晋科幻小说家星新一的微型小说等等。丰富多彩的选题受到了大众的好评，刊物的发行量也从5000本飙升至13万本，成功实现了高达20倍以上的增长。时年我29岁。

"既然是一家出版物经销公司制作的宣传杂志，自然应该尽可能多地加入新书目录""既然目标读者群是爱书之人，那么新书的介绍目录理应越多越好"——这些以往的编辑方针，被出版物稀少时代的经验所束缚，是完全以卖方为主体的思维模式。

与此相反，我认为既然大家耗费心血出版了这本刊物，就应该让更多读者购买和阅读，并且得过且过的发行量也无法回报热心撰稿的作家们。在这一想法的驱动下，我以读者的立场为出发点，用心琢磨如何让更多人看到这本刊物，最终形成了刊物的改版方案。

不是"站在卖方的立场"考虑，而是一切从"顾客的角度"出发。通过《新刊新闻》的改革，我发现了转换思维方式的重要性。对我而言，不变的基本"立场"是坚持"站在顾客的角度"思考问题。这一观点也将频繁地出现在后文的内容中。

在壁橱里囤积砂糖的女顾客

接下来，我想谈一谈那之后我亲眼所见和亲身经历的市场变化。

在编辑新版《新刊新闻》的工作中，凭借着出版经销业的优势，无论是著名作家还是社会名流，我都能通过出版社成功约见。这让我觉得自己的工作完全背靠于东贩公司这棵大树的巨大影响力，与个人的工作能力毫无关系。在见识了众多凭借自身能力活跃于各个领域的自由撰稿人和名人之后，我对原先的工作模式产生了疑问。恰好那时我通过工作关系结识了一些媒体界的朋友，他们与我谈起了制作电视节目的计划，最后双方一拍即合地打算创办一个独立项目。

昭和三十年代后期，即公历1960年代前期，娱乐行业的重心由电影转向电视，于是我想趁此机会试一试自己的能耐。做出这一决定后，我开始积极地寻找赞助商，脑海中首先浮现出的是一年前我考虑转行时接受过面试的伊藤洋华堂。那时我对大型综合超市行业一无所知，自面试之后便再无联系。

当我为赞助事宜第二次登门拜访伊藤洋华堂，向负责人提出独立项目的计划时，他立即伸出橄榄枝道："一样是要办，不如就来我们公司创办这一项目好了。"我对这个建议非常心动，毫不犹豫地决定转行。然而，在我办完入职手续，再次向负责人提出项目的计划时，负责人的态度却前后判若两人，敷衍了事地回应说："这件事还是从长计议吧。"原来，当时伊藤洋华堂正处于大型超市行业的快速成长期，公司只是在想方设法地招人而已。

当初我不顾家人的反对和原上司的挽留，毅然决然地选择了跳槽，所以就算是为了争口气也决不能后悔放弃。我决定对自己的选择负责，全身心地投入了伊藤洋华堂的工作。

在公司发展期间，我兼任了推广、宣传、人事、财务经理等几乎所有管理职务，除了自身的能力受到了肯定之外，总被委任管理部门的工作其实还有另一层原因。

每当到了年末的销售旺季，公司会分派管理部门的员工增援各家门店。我也曾支援过伊藤洋华堂千住店（即现在位于东京·足立区的The Price千住店）的男装卖场。同一支援小组中，有一位曾经工作于二手车销售公司的同事，他熟稔地接待客人，连续成交了好几单。与此相比，天生内向、容易紧张的我却连一件衣服也没能卖出去。结果我被同事取笑说："你站在那儿的表情好像要随时找顾客吵架似的。"

此后，我虽然身处零售业，却再也没有参与过任何关于销售或在柜台收银的工作。纵观整个集团，这样的人恐怕除我以外再也找不出第二个。不过也正因如此，我才能不受制于流通行业原有的常规和商业习惯，接二连三地在业务上提出新的改革方案，成功创办了日本首个真正意义上的连锁便利店。人生的命运真是充满不可思议。

总之，我做完促销的策划工作，又投入了人事工作，不管三七二十一地认真对待每一天。在此期间，我注意到日本的消费社会从某个时间点开始发生了巨大的变化。

我们运作促销活动时，由于制作了打折宣传单，一般需要在派发传单的当天早晨前往门店，观察顾客的实际购买情况。当时伊藤洋华堂的总部位于台东区入谷，所以我每周都会前往千住店考察促销情况。在观察来往顾客的过程中我发现，每次一推出打折甩卖，必定有一名中年妇女雷打不动地来店内购买目标产品——砂糖。我留心地注意到她真的是每周风雨无阻地前来购买砂糖。

为什么需要这么多砂糖呢？我对此十分好奇。正巧公司里有位职员和那名妇女同住一个小区，我便拜托他去了解原因。结果听说那位顾客家的壁橱内，几乎有一半空间都堆满了袋装砂糖。原来这位女性经历过无处购买砂糖的战争年代。砂糖不够用的记忆保存在潜意识中，让她在战争结束了近二十多年后的今天，依然有囤积砂糖的习惯。

那时，日本的经济蓬勃发展，正处于高速增长的巅峰时期。消费者这个也想要，那个也想买，具有旺盛的消费欲望。在这种供不应求的物质匮乏年代，商家只需把产品摆上货架就万事大吉了。

当然，和战时不同，市场上砂糖等生活必备品的供应已经十分充足。但即便如此，那位女性顾客一到促销期还是忍不住出手囤货，这种下意识的购买行为也象征了消费者在物质匮乏年代的旺盛消费意欲。

卖方即使根据自己的喜好随机地提供产品，也不缺消费者购买；如果产品销量下降了，只要稍稍降价就能再次吸引顾客——这些正是卖方市场的特征。也许在那时，并不需要"销售力"发挥特别的作用。

麦当劳、方便面和便利店的登场

1970年代前期，也即昭和四十年代后期，我在上述日本消费社会中感受到了变化的萌芽。在此之前，超市如果推出了促销活动，无论对象产品是砂糖、酱油还是盐，只要价格略有下调必定能吸引大批顾客蜂拥而至，并在商店关门前被抢售一空。然而自1970年后，促销产品开始出现剩余的情况。

回溯1970年代前期，绝对无法跳过1971年发生的美元危机①。这一危机导致日币汇率从1美元兑换360日元升值为1美元兑换308日元。到了1973年，石油危机的爆发又令原油价格急速上升。在多重因素的作用下，日本经济在发生石油危机的第二年首次出现了实际为负的增长率，战后以来的高增长时代正式告终，经济走势转入了稳定增长期。

从这一时点开始，社会整体的物质生活逐渐变得充足，从物质匮乏走向物质丰富，卖方市场也随之慢慢过渡为买方市场。作为这一时代的象征，许多为顾客提供了崭新价值、具备新颖创意的产品、服务或行业开始轮番登场。

1971年7月，大型快餐连锁店——麦当劳日本第1号店在东京·银座的银座三越百货一楼正式开张。紧接着两个月后的1971年9月，日清方便面开始正式被投入市场售卖。日清食品公司同样也选择了东京·银座，于步行街上特设了卖场。追求"边走边吃"这一新型饮食模式的年轻人们在卖场排起了长龙，没多久银座的一角就被重重的人群占领了。

然后到了1974年5月，7-Eleven便利店的1号店在东京丰洲

---

① 指因美国尼克松政权宣布美元与黄金脱钩而导致的全球性金融危机。

正式开门迎客。其奉行的经营理念和原来的小型商店存在显著的差异。

当时，政府行政机关注意到商店街小型店的生产效率水平远远低于制造等行业，因此指导店铺"缩短营业时间至傍晚六点"以及"周日停业"，旨在以这些措施提高生产效率，确保从业人员的权益。但是，这一做法其实是以卖方为核心，依然停留于过去卖方市场时代的思维模式，完全无视了顾客的需求。本身傍晚6点关门的做法就不可能赢得顾客的支持，更别说提高小型商店的生产效率了。

与此相比，7-Eleven自创业之初即选择在早晨7点开店营业，深夜11点关门停业，并从创业第二年的1975年起，正式启用了全天候24小时的营业制度。另外在备货方面，7-Eleven也经历了反复的试验和失败，彻底锁定热销产品，力求在消费者前来购物时，货架上恰到好处地陈列着他们想要的产品及数量。

此后的40年间，社会逐步向买方市场过渡。为了顺应市场潮流，7-Eleven坚持秉承"站在顾客立场"思考判断的原则，努力建设能全方位满足顾客需求的便利店。

"物质过剩"是指人们的物质生活丰富，社会整体处于一个富裕的状态。在这一经济背景下，消费者追求的是什么呢？对此，我经常会提起下面这个例子。桌子上摆满了各式各样的佳肴。当人在饥肠辘辘的时候，有多少菜就能吃多少，所以通常会先选择不怎么喜欢的菜品填饥，把爱吃的佳肴留在最后细细品尝。与此相反，当人饱腹时则转而首选最爱的食物或是珍奇的菜肴尝鲜。在当前物质过剩的时代，消费者正处于饱腹的状态，因此，企业唯有提供具有全新价值的产品才能"适者生存"。为了让消费者感受到产品或服务的新价值，关键的问题是怎样才能做到"站在顾客的立场上"思考。

让我们来思考一个问题：售卖男式衬衫为何依然有利可图？任何一个商务人士的衣橱里，必定早已备有好几件衬衫。如果按照学者和专家的思考模式，他们应该判断"现在是物质过剩的年代，商品基本没什么销路"，所以"衣橱里既然已经有了衬衫，消费者一定不愿再重复购买"。这即是从量的角度出发得出的结论。如果事实的确如此的话，对衬衫的销售理应逐渐退出历史舞台。

但是，每当新的一年来临，服装店根据当季的潮流推出最新款式的衬衫时，商务人士也无一例外地表现出了浓厚的购买兴趣。如果新的产品让人感受到了实质上的价值，自然有人愿意出钱购买。物质过剩的时代，消费者无需再争先恐后地哄抢商品，与此同时，人们也开始追求那些具有新价值的产品。

因此在现今社会，卖方的"销售力"成为了不可或缺的重要能力。

◎ 不捉"第二条泥鳅"

物质过剩的时代，消费者热衷于新鲜事物，因此一味模仿他人的"第二条泥鳅"已经难以溅起太大的水花。

物质匮乏的时代，柳树下的泥鳅总是不止一条。若看到别人在一处捉到了泥鳅，赶紧追随其后，在同样的地方尝试捕捉的话，也有可能取得成功。实际上，一些著名的企业正是凭借"第二梯队的模仿战略"成功起家。但是，到了柳树下可能连一条泥鳅也没有的时代，模仿战略已经不再适用。经营者需要掌握"销售力"，依靠自身的力量去寻找第一条泥鳅。

关于这一点，前文提到的秋元康也抱有相同的观点，他认为："即使柳树下存在两条泥鳅，第二条泥鳅的尺寸也必定远远小于第一条。"过去"食用辣油"的热潮席卷日本后，秋元康曾断言："这款产品的巨大成功使得人们在预判今后的流行热点时，思维容易受限于‘生五香粉’等类似的产品模式。然而在同一模式内绝对没有任何产品能再次收获与食用辣油相匹敌的高人气。"

听闻秋元康每次一有机会就会建议别人说："当向日葵掀起热潮的时候，应及时撒下蒲公英的种子。"

我虽然对娱乐业不甚了解，但也听说过AKB48把主要活动据点选在了秋叶原这一可谓与传统娱乐界格格不入的场所。她们以"能让你近距离接触的偶像"为卖点出道，迅速成为了全国炙手可热的偶像团体。可以推测，AKB48成立的机缘或许也正是来自于"向日葵掀起热潮的时候，应及时撒下蒲公英种子"的想法。

五木宽之的"负面思考"

"不抓柳树下的第二条泥鳅""当向日葵掀起热潮的时候，应及时撒下蒲公英的种子"——所有成功带来业界风暴的人都具有同一个特点，即绝不模仿他人。

面对出版行业普遍低迷的大环境，一个名为幻冬舍的出版公司逆势而行，在小说、商业类书籍等多个领域接连推出了好几本销量高达百万的畅销作品。作为幻冬舍社长的见城彻同样具备上文提到的特点。我们集团中也有经营出版业务的7&i出版社，虽同为竞争对手，我却有幸请到了这位堪称"日本出版界第一人"的见城彻做客《四季报》。

在那次对话中，最让我印象深刻的是销量超过270万本的随笔《大河的一滴》的诞生原委。听说见城在和此书的作者五木宽之沟通时，五木曾表达了如下观点："虽然正面思考法是当今社会的主流，但在政治、经济和社会前景尚不明朗的时候，负面思考法的效果反而更加显著。"

接着，五木宽之以中国战国时代（约公元前500~前300年）的伟大政治家和诗人屈原的故事为例说道：

> 屈原虽身怀大志，能力超群，却为小人的谗言所害，被贬官放逐，终身抑郁不得志。正如他一样，身处当前时代，许多人都不得不面临工作的不顺、来自朋友的背叛、无处可躲的病魔、坚持到底也无法成功等种种挫折——在这样的时代背景中，我们只能以此为前提坚强地生存下去。

见城告诉我，在听了五木的话后，便当即邀请他将这些想法撰写成文。

时年正值20世纪90年代末期，日本的金融机构相继暴露出了严重的经营问题，社会整体的不稳定因素正在暗流涌动。在此期间，强调正面思考的畅销书《脑内革命》受到了大众的追捧。

与此相反，五木所著的《大河的一滴》则提倡"人生是痛苦与绝望的连续，我们应该学会从放弃开始""停止对伤痛和苦难的仇视和战斗。不论是佛陀还是亲鸾①，皆是始于最终极的负面思考"。结果这一立论反而唤醒了埋藏于读者内心深处的真正勇气和对生活的希望。"没有去抓第二条泥鳅""在向日葵大热之时撒下了蒲公英的种子"，让这本具有深刻思辨色彩的随笔名篇长期占据了畅销书榜单的第一名。

A和A+即使存在差异，在顾客眼中依然是同一个A

零售业同样如此。例如Francfranc这一汲取了时尚设计概念的家居装饰品牌，它把目标受众锁定为"25岁左右的都市单身女性"，自品牌创立以来一直得到了20至30岁女性的压倒性支持。Francfranc的母公司BALS（Basic Art Life Style）以"VALUE by DESIGN（设计创造价值）"为经营理念，向大众源源不断

---

① 日本佛教净土真宗初祖。

地提供了新的生活方式。

　　我在访谈BALS公司创始人兼社长的高岛郁夫时也引出了"不捉第二条泥鳅"的话题。对于我提出的"决不能把顾客昨日追求的东西提供给明天的顾客"的观点，高岛社长深表赞同。

　　他本人在整改公司产品时，曾向研发负责人下达了如下指示："如果产品开发只是把现有的A改变成A+，那么是完全没有意义的。我们必须具有把A改头换面成B或者C的决心，只有持续这样的创新，才能让顾客保持新鲜感。"

　　当发现产品A成为热卖品后，人们总是不自觉地站在A的延长线上联想到A+。这是因为人在看到好的事物时，潜意识自动涌现出想要取其精华的冲动。然而，即使卖方眼中的A和A+存在显著差异，但在顾客看来却始终是同一个A。所以正确的产品研发是放弃对产品A的研究，全力开发新的产品B或者产品C。

　　实际上，Francfranc并不存在"基本款"的概念，这一品牌每年都会更新三成左右的产品，以此保证良好的新陈代谢。因为行业的区别，我们不能单纯地拿Francfranc新旧产品的更替速度和每年更新七成产品的7-Eleven便利店作比较。但经常为顾客提供新的创意产品，确实是Francfranc长年人气不减的秘诀所在。

前文提到的"黄金面包"虽然属于面包类产品，但却不像A+一样只是在现有产品的基础上略作改动，而是一款颠覆性的B类产品。正因如此，"黄金面包"才能在发售后获得食客的美誉。

7-Eleven自创业以来从未模仿过其他公司。我一度严令禁止员工们参观学习其他品牌的连锁便利店。当然我的本意并不是让员工完全无视同行竞争者，但若是单单要求"不可模仿其他公司"，则很难让人形成具象的概念。所以我才选择了"严禁观察其他门店"这一严厉的说辞。

7-Eleven全店的日均营业额约为67万日元，相比其他的大型连锁便利店高出了12万至20万日元。虽然同为便利店，7-Eleven的支持顾客却遥遥领先于同业的其他竞争者。其中有诸多因素相互作用的关系，从便利店提供的产品和服务层面而言，7-Eleven坚持做到如下几个重要环节：主动寻找新的"泥鳅"；在向日葵大热之时播撒蒲公英的种子；摒弃A+，专注于开发B和C。

面对激烈的竞争环境，商家必须寻求自我定位的差异化。在整个社会日趋富足的今天，作为"销售力"的重要一环，绝不能小觑企业自身的差异化优势。

打破"前定和谐"

秋元康所讲述的"可可、黄油和文库本①"的故事也给我留下了非常深刻的印象。"Innovation（创造和革新）"具有两重含义：一是基于前所未有的新概念，发明创造出全新的事物；另一种则是对现有的概念赋予新的价值。创办7-Eleven便利店是前者，"黄金面包"的问世则是后者。而"可可、黄油和文库本"的出现则证明了"**创新不一定要求所有元素都是全新的**"。

在欧洲的冬季，人们喜欢往可可中加入少许黄油，听说这样可以令可可的口感更加浓郁美味。但是在日本却鲜有人知道这一方法。于是秋元康想到，如果提出"从秋天到冬天的漫漫长夜中，一手拿着加入些许黄油的温可可，一手捧着文库本阅读"的概念，前所未有的新鲜搭配势必会让很多人感兴趣。

可可是常见的饮品，黄油和文库本也并不新奇。但当用可可搭配黄油与文库本后，却衍生出了新的创意，这一创意

---

① 指以普及为目的的小开本出版形态。一般都是平装，A6大小，105mm×148mm的版面。

不是从A到A+的略施改动，而是由A到B的一个突破。

秋元康把这种前所未有的组合搭配称为"打破前定和谐"。前定和谐原为哲学概念，基本含义是"上帝在创造世界时预先让万物的发展变化保持和谐，以此保证世界的秩序"。而在日本，前定和谐的意义又被引申为"任何人都按照预定的过程前进发展，所有行动的结果也皆与预期无异"。

根据秋元康所言，可可、黄油和文库本虽是屡见不鲜的产品，但组合起来却又有所不同，这种让人产生新奇感的过程就可被称为"打破前定和谐"。但是，如果过于追求标新立异，反而过犹不及。例如，在汉堡包中夹入豆沙的奇特组合，虽然暂时吸引了消费者的眼球，成为社会的热门话题，却始终逃不过昙花一现的命运。可见，新创意的根基同样需要不变的"立场"。

零售业的核心魅力来自于不断打破前定和谐的创意，让顾客产生"哎呀，下一次又会有什么新惊喜"的期待感——秋元康的这番话精彩地解读了"销售力"的本质。

7-Eleven为打破"前定和谐"所做出的尝试

2009年，7-Eleven全店的日均营业额约为62万日元，2012年则上升至67万日元，短短三年间便实现了大幅增长。我想这也许是因为7-Eleven打破了便利店的前定和谐，让顾客产生"哎呀，下一次又会有什么新惊喜"的期待感所带来的成果吧。

过去便利店的目标顾客群是胃口极佳、食欲旺盛的年轻人，因此门店业绩的成长主要依靠便当、饭团等即食类产品推动。由此，7-Eleven一度被日本人视为"年轻人的专属领地"。如果像这样延续前定和谐，便利店将逐渐陷于陈规旧套，日均营业额亦会停滞不前。

与此相反，7-Eleven从2009年秋季开始，把"当今时代所追求的'近距离便利'"作为便利店新的经营姿态，在备货方面实行了大刀阔斧的改革创新。例如增加了配菜的种类，开发了价格适中的小包装土豆色拉和土豆炖牛肉等7-Premium系列产品，推出了节省时间、减少繁琐烹饪步骤的Meal solution产品系列，成功实现了便利店的华丽转身。

一系列举措的成果明显体现在了一年半后的经营统计数

据之上。2010年，在消费市场低迷、其他连锁便利店的经营业绩较之去年普遍持平或有所下滑的大环境下，7-Eleven逆市实现了营业增长。其中的增长部分主要来自老年人和四十岁以上的女性顾客所做出的贡献。

观察来店顾客的性别分布可以发现，男性顾客的数量基本与上一年持平，而女性顾客数的增长率则保持在每月5%～10%左右。从这一数据可以看出，"在便利店购买食材"的新提案已经得到了女性顾客的支持。

此后，7-Eleven便利店的业绩继续保持上升的势头。到了2012年，7-Eleven成为了众多大型连锁便利店中唯一一家实现了营业额正增长的企业。

7-Eleven便利店的不变"立场"和全新"素材"

风起云涌的市场是迫使便利店重新调整备货、打破前定和谐的背景之一。2005年左右，以7-Eleven为首的各大便利店的营业额同比上年大幅下滑。媒体因此唱衰便利店行业，甚至提出了"便利店饱和论"。同行的高层也纷纷表示认同，称："国内的便利店市场已经饱和，未来应该采取海外战略。"

与此相反，我始终坚信："现在市场正在发生巨大的变化。只要尚能继续应对变化，便利店市场就不可能饱和，甚至今后将发展得更快。"

若想掌握便利店行业的真实情况，首先应该关注日本正在发生翻天覆地变化的消费市场结构。其中最大的变化莫过于老龄化和少子化问题的日趋严重。在人口总数减少、老龄化与少子化程度日益加深、青壮年人口逐年递减的背景下，像便利店这样面向小范围区域经营的行业受到了最为直接的影响。

2009年，7-Eleven便利店的顾客年龄结构较之过去10年出现了巨大的变化。1999年，便利店的顾客年龄层主要以20至30岁的年轻人为首，占据全体的35%，而占比最少的则是50岁以上的顾客，只有全体的14%；但到了2009年，50岁以上的顾客数却后来居上，出现了翻倍，上升至全体顾客的28%，与此相比，20至30岁的年轻顾客数则回落至22%，相比10年前减少了三分之一。

另一方面，在老龄化、少子化和结婚率低迷的社会背景下，单身人士的数量正在年年递增。由此可以预见，今后多口之家的比例将不断减少。2010年，由父母和孩子组成的家庭约占总体的28%，但根据推算，到了20年后这一比例可能滑落至24%左右。相反，单身家庭的占比则将由原先的32%提升至37%。那时，65岁以上的老年人家庭所占比例预计可达到近48%左右，其中三分之二以上是单身或者丁克家庭。

另一个变化则是女性就业率的上升，近年来已经超过了60%。

在这两个重大的变化之下，比起相对较远的大型超市，消费者自然更愿意在附近的便利店按需购物。出于这一考虑，我们打破了便利店的前定和谐，把"便利店"和"为三餐购物"相结合，开始挑战全新的门店组织架构。

没过多久，原先赞同"市场饱和论"的同行们也追随7-Eleven的脚步，选择了同一方向的改革路线，此后便利店行业的整体业绩触底回升，被媒体称为"便利店的复兴"。

7-Eleven是真正意义上第一个建立于日本的便利店。正如初期电视广告中的宣传语"还在营业太好了"一样，7-Eleven在日本人的生活时间逐渐趋向不规律的过程中，为消费者提供了近在家门口、24小时全天候开店营业的便捷购物环境。

7-Eleven成立30年后，再次提出了新的经营姿态——"近距离便利"，这其中正蕴含着我们不变的"立场"。

便利店出现营业额下滑的原因在于陷入了固定模式的前定和谐，无法充分满足中高年龄层顾客的需求。于是，我们决定打破前定和谐，大幅调整备货，并且在这一过程中始终贯彻7-Eleven不变的立场，即坚持"站在顾客的角度"思考判断，满足连顾客也没有意识到的潜在需求。

同时，通过把7-Eleven应有的经营姿态重新定位为"近距离便利"，也能给消费者带来"7-Eleven是不是又有新的创意了"的期待和惊喜感。像这样，我们在不变的"立场"上，以新的"素材"拉动便利店与时俱进，也即在"近距离便利"这一经营概念上展开了备货革新。

要找到"顾客的期待点"需要"充满对生活的灵感"

7-Eleven不断提出了打破前定和谐、让顾客感到期待与意外的提案。据秋元康所说，**想要获得让人出乎意料的创意，提案者自身必须在日常生活中积极寻找意外的灵感。**

不过，如果所有人都朝着同一个方向思考，"灵感"势必难以迸发。因此，秋元康建议公司设立特别的机动部队。虽然企业本身是一个朝着同一目标前进的集体，但机动部队却应该从独树一帜的角度入手，寻找让人出乎意料的产品或服务。

目前在7-Eleven的总部中，正有这样一支被称为"店铺创新团队（Store Innovation Team）"的机动部队。摸索未来便利店的经营方向——这就是我对他们提出的愿景。

店铺创新团队由二十至四十五岁的新人与公司中坚力量组成。他们作为机动部队，每天需要出发至各种不同的现场，例如通过考察住宅设备展览会这种乍看之下与便利店毫无关联的地方，想象未来的餐桌文化等等。如果把便利店比作"可可"，创新团队就需要找到类似"黄油"或"文库本"的事物，吸收意外的灵感，从中摸索出未来的便利店形象。

创造新事物的道路充满艰难险阻，我放手让创新团队随心所欲地研发产品，随心所欲地为创新烦恼，即使最终失败了也无需负责。同时我还严格要求公司的管理层："你们有任何想法也决不能对创新团队说出口。"因为我希望他们的挑战不受到任何历史经验的影响，这样或许能创造出与当前便利店截然不同的经营模式。

正如四十年前我创办7-Eleven便利店时，一定想象不到"顾客在便利店为三餐购物"的场景一样，十年、二十年后的便利店也极有可能改头换面。总之，只要我们持之以恒地为消费者带来新鲜感，就永远不会被他们厌烦，便利店市场亦不可能饱和。

贩卖可可时，如果眼中只有可可，则无法发现任何"意外"和"灵感"。当经营即将陷入前定和谐时，请试着回想起"可可、黄油和文库本"的组合。

◎ "高品质"还是"便利性"？

"可可、黄油和文库本"的故事中，三件单品分开来看并无特别之处，但通过组合搭配却诞生了前所未有的新价值。接下来，让我们试着从其他视角进一步探索打破前定和谐的思维方法。在此先为大家介绍一个通俗易懂的例子。

相信有很多读者听说过一个著名的鲜花连锁品牌——青山鲜花市场。这一品牌在车站、百货商场等地接连设立了店面，给鲜花零售界吹去新风，吸引了大众的眼球，自开业以来成功实现了快速成长。其经营母公司Park Corporation是由井上英明在他25岁时创立的。我在访谈井上社长时，曾听他本人叙述过创业之初的往事。回顾其创办公司的来龙去脉可以发现，青山鲜花市场取胜的关键同样也是打破了花店的"前定和谐"，让顾客对"新提案"充满期待感，进而受到了大众的瞩目。

井上大学毕业在美国工作了几年，回国后萌发了创业的想法。他从儿时喜爱的鲜花领域入手，最初本计划以虚拟店铺完全预约制的形式供应鲜花。但在实际考察鲜花市场后，井上发现鲜花的批发价格和零售价格之间存在惊人的利润空间。如果采取合适的销售方法，一定能以远低于现行市场的价格供应鲜花。因此，他最初选择了价格策略作为市场的切入点。

但是，低价零售并不属于新颖的经营模式。事实上，在井上之后，某个著名的流通公司也进入了鲜花零售行业。考虑到缺乏附加价值的产品就等同于缺乏竞争力，井上招聘了一批插花师，开始为派对、节日庆典等场合提供专业的插花服务。

这时，他发现上述特殊场合所使用的鲜花与日常家庭的装饰类鲜花，在品种和质地上都有明显的差别。井上由此联想到，如果把派对所用的高级花朵应用于日常，一定能受到顾客们的欢迎。考虑到这一点，他当即决定开始运营将两者相结合的花店。

把庆典专用的高级鲜花应用于家庭装饰，并采用比原来更合理的定价标准——这一模式打破了鲜花零售界的前定和谐，是史无前例的创举。新鲜的创意激发了顾客们的消费意愿，也形成了鲜花零售行业的一个崭新市场。

青山鲜花市场的独到之处在于把庆典专用鲜花与家庭用鲜花这两个从未有过关联的产品结合在了一起。现在，让我们换一种角度思考，当把面向日常家庭销售的鲜花分解成"高品质"和"便利性"两个属性轴时，井上的做法就是让庆典专用鲜花的"高品质"和比原来更合理的经济价格同时并存。

"高品质"和"便利性"通常是Trade Off关系。所谓Trade Off即指等价交换，很多人把这个词理解成为选择了一方就必须舍弃另一方的意思。但在响应顾客需求时，这并非正确的理解方式。

顾客不满足于单一的"高品质"或者单一的"便利性"。在权衡"高品质"和"便利性"时，商家如果更关注"便利性"，则不可一边倒地追求低价，而应该或多或少地加入些"高品质"的元素。相反，如果主推"品质"，也不能盲目地不顾成本，而应结合"便利性"，这样才能创造出真正的价值。

经营的过程中，关键是在以"高品质"为纵轴、以"便利性"为横轴的范围内，挖掘出竞争对手未曾涉足的"空白地带"，实现企业的自我差异化。青山鲜花市场在挑选面向家庭销售的鲜花种类时，选择了庆典专用的"高品质"鲜花，并采取比原先更合理的"实惠价格"，由此开发出了空白市场，创造了前所未有的新价值。这一切入点不由让人拍案叫绝。

对于顾客而言，这一空白市场可谓正中红心，抓住了他们自己都未曾意识到的潜在需求。

井上原本是鲜花零售业的门外汉，一切都是从零开始摸索。假如他是鲜花零售或者流通业界的专业人士，可能倾向于选择主打高级感的"高品质竞争"，或是以低价决胜负的"便利性竞争"。但正因为他是25岁进入鲜花零售业的门外汉，才没有局限于业界的经验与常规，打破了前定和谐，发掘出无人问津的空白地带。

因填补空白市场而持续热销的7-Premium系列产品

纵观商家的各种畅销产品，可以发现不少因投入空白市场而取得成功的案例。

我们集团的PB产品7-Premium系列正是如此。2012年，该系列在售的产品有1700多种，平均每种单品的年度销售额约有3亿日元，高出竞争对手的同类产品近3倍，展现出了强大的产品力。其中，全年销售额超过10亿日元的单品共有92个，这一销售业绩在流通业的PB产品中是绝无仅有的。与青山鲜花市场相同，7-Premium产品系列的热销也来自于对空白市场的精准把握。

流通业界的PB产品，在常规上被视为"比制造商的NB产品更实惠的产品"。换言之，即选择了在价格上追求"便利性"的路线。与此相反，我们集团推出的PB产品并不以"低价战略"为卖点，而是更注重对品质的追求。并且我还命令集团内的所有零售企业，不论便利店、超市还是百货商场都要以同样的标价销售同一系列的PB产品。对此，公司内部出现了反驳的声音："顾客明明更希望看到价格实惠的PB产品。"但如果这样做的话，企业永远都不能与前定和谐的规则相抗衡，也无法为顾客提供新的价值。

此外，对于让集团内所有店铺采用相同定价售卖同一系列产品的尝试也饱受来自各个公司的抗议。7-Eleven便利店表示："超市在降价时总是跌破厂商指导价，在这点上，便利店的产品定价永远不可能做得和超市一样。"伊藤洋华堂超市声明："我们和极少降价的便利店及百货商场相比，销售模式完全不同。"而崇光·西武百货方面则犹疑道："如果百货商场内陈列着和便利店、超市相同的货品，总感觉有点不合时宜……"实际上，上述反对意见都被局限于历史经验的框架。

如果"站在顾客的立场上"思考又会得出怎样的答案呢？只要顾客觉得"这个东西值得花费200日元购买"，那么无论产品被陈列在7-Eleven便利店、洋华堂的超市抑或是西武百货店，顾客都不可能改变初衷，单单因为产品的摆放位置不同而丧失购买兴趣。

我告诫各个公司的负责人，必须摒弃自身的思维定势，之所以让洋华堂、7-Eleven便利店和崇光·西武以相同的定价上架相同的产品，是为了全方位地推出令顾客感到有价值、愿意购买的崭新产品。最终这一方案得到了集团各公司负责人的理解。

其次，我说服了过去由于自家的NB产品而不愿为流通企业生产PB产品的大型制造厂商，让对方与我们集团的开发部门组成团队，不断研发侧重于"高品质"的产品。由于PB产品涵盖了从方案策划到具体实施过程中的所有环节，不但能节省广告宣传费用和销售经费，也可根据实际销售情况及时调整产量，减少产品损耗。这些成本的减少，又带动了产品价格的下降，反而能实现"经济实惠"。另外，与绝大多数PB产品不标明生产厂商的做法不同，7-Premium系列的产品全都清楚地印有制造商的厂名和厂址，此举也顺应了顾客对产品安全性的要求。

像这样，相较于流通行业一边倒地注重低价优势的PB产品，我们集团的7-Premium系列既实现了与NB产品同质以上的"高品质"，在定价方面也不乏"便利性"，一经推出后成功填补了市场的空白，在便利店、超市、百货商场三个业态不同的卖场都成为了热销产品。

此后，我们还研发出了比7-Premium更上一层楼的7-Gold系列，这一系列的产品在适中的价格范围内，提供了更地道的口感和比专卖店更胜一筹的卓越品质，从而再次开拓出了新的空白市场。正如"黄金面包"一样，虽然价格上高于普通的NB产品，但是通过对"高品质"的极致追求，成功挖掘出了面包市场的空白地带。

更应关注的"四成"消费者

在"高品质"和"便利性"的两个坐标轴上，当然有不少重视低价战略、追求"经济实惠"的商家。而在这一领域也势必存在市场和不少消费者。假设重视价格的顾客和重视品质的顾客分别占据整个市场的60%和40%，那么我们应该选谁作为自己的目标受众呢？

对商家而言，比起追求"高品质"，制造具有价格优势、以"经济实惠"为卖点的产品相对更加容易。如果有六成的顾客重视价格，那么绝大多数卖方都愿意选择售卖低价产品。结果形成了九成卖方都在为六成顾客提供产品的局面，导致市场迅速进入饱和状态，而各个商家也不得不面临激烈的价格战。实际上，目前以"便利性"为优先的市场地带正有这样的趋势。即使是PB自有品牌，当以低价为优势的产品出现滞销时，也会采取降价销售的方法吸引顾客。

另一方面，对于40%追求品质的消费者，只有10%的商家满足了他们的需求，在这个基本上没什么竞争对手的市场地带，10%的卖方轻松坐拥40%顾客的压倒性支持。这也即是7-Premium系列的销量让其他同类PB产品望尘莫及的秘诀。

如果能够不被那些九成商家都在虎视眈眈盯着的、几乎毫无进入壁垒的市场蛋糕蒙蔽了视线，而是选择位于市场空白地带的四成顾客，那么就可以取得巨大的成果。是根据市场的大小论英雄，还是凭借自我差异化找到胜利之路，其中的差别正在于此。

让专家惊叹："便利店竟能做到如此地步！"

如果以"高品质"和"便利性"的坐标轴分析便利店行业，你会发现7-Eleven和同行其他便利店所定位的目标市场具有明显的差异。这即是7-Eleven的日均营业额能超出同行12万日元以上的一大重要因素。

7-Eleven作为便利店，本质上已经具备了"便利性"。但是，单单做到这一点并不能让顾客发现我们的独特价值。因此我们力求在食品上最大限度地实现"高品质"，甚至达到让专家惊叹"便利店竟能做到如此地步"的程度。

以其中的代表性产品关东煮为例，仅是对用来制作关东煮汤汁的鲣鱼干，其整个加工流程也可谓是精益求精。首先，我们指定位于赤道附近的渔场，捕捉含脂量少、可熬制出透明汤汁的鲣鱼。因为冷冻后的鲣鱼干在解冻时会导致鱼体的浸出液渗出，令鲜美度下降，所以我们放弃了冷冻的工序，直接把捕获的鲣鱼送往渔场附近的工厂，等到一两天后鱼的鲜美度到达顶峰之时再迅速加工。

我们在"烟熏+干燥"的焙干工艺上也选择了需要花费大量精力和时间的古老制法，即"手火山式"和"焚纳屋式"

的两阶段焙干法。首先用"手火山式"，通过改变鲣鱼在蒸笼内的位置以及蒸笼的层数，平均而迅速地使其干燥，瞬间牢牢锁住鲣鱼的鲜美度。其次，使用"焚纳屋式"仔细地熏制，进一步引出鲣鱼本身的香味和鲜度。这种力求完美的方法，让生产鲣鱼干的专业厂商也非常讶异，连连感叹："便利店竟能做到如此地步！"

另外在提取汤汁时，我们也以最佳比例混合了汤汁口味浓稠的荒节①和汤汁澄澈且品种更为珍贵的本枯节②。

对便当的生产制造也是如此。为了推出原汁原味的炭火烧肉便当，与其他同行大多通过冷冻技术从中国进口炭火烤肉，或者采用在炭烤油脂的气味中增添香料的方法不同，7-Eleven足足花费了三年时间，从对炭的研究入手，制成了正宗的自动炭火烤肉机。

而自2013年7月在各门店导入的现磨咖啡——Seven咖啡也不例外。Seven咖啡是自助式的滴落咖啡，每杯（150毫升）100日元的"便利性"中结合了口味醇厚的"高品质"。结果上市当月的累计销售量就轻松突破了1亿杯。

我们从各国采摘的咖啡豆中精选最优的品种，通过咖啡

---

① Arabushi，经过多次烘培、冷却后的鲣鱼半成品，表面会附着一层焦油。
② Honkarebushi，用霉菌腌制成的鲣鱼干。腌制后，作为鲜味主要成分的氨基酸能够积存于鲣鱼干内。

品鉴师的一一确认后作为Seven咖啡的原料使用。烘焙的过程中为了让咖啡更具天然的香甜口感，我们以两段温度，花费两道工序煎焙咖啡豆，并以冷藏温度（10℃以下）配送至各门店，确保刚刚烘焙完成的口感与品质。在门店售卖时，我们选择了最适宜萃取咖啡的软水，每杯都使用滤纸滴落现磨的咖啡豆。

Seven咖啡在设计方面也不曾有过懈怠，我们邀请到了日本现代广告业界与设计业界最为炙手可热的创意指导，即负责7-Eleven整体形象设计的佐藤可士和一手包揽了专用咖啡机外观及Logo标识的设计。佐藤的理念是通过设计把享用咖啡的日常时间变得更加优雅、更具品质。

像这样，Seven咖啡在"便利性"中追求终极的"高品质"，旨在凭借"便利店打包咖啡"的形式，挖掘出咖啡店和快餐店都不曾涉足的空白市场。结果，Seven咖啡一经推出，就作为"前所未有的高品质咖啡"得到了大众的广泛支持，除了上班族集中的商务街区，连位于住宅区的门店也有许多30至50多岁的家庭主妇和中高龄层顾客前来购买咖啡，可见Seven咖啡确实成功开垦出了新的客户需求。

Seven咖啡的重复购买率名列7-Eleven所有在售食品的第一名，比例高达55%以上，其中约半数的顾客为女性顾客。

过去便利店出售的咖啡类型大多是罐装咖啡，前来购买的顾客中，男性占据绝大多数，女性顾客只占全体的30%。因此，就购入顾客的年龄结构而言，也同样证明Seven咖啡填补了市场的空白。

Seven咖啡上市后的销量比预计高出了40%，因此我们把第一年的销售目标从3亿杯重新修正为4亿杯。这个数字已经超过了日本大型快餐店的全年咖啡销售量。我们的最终目标是成为"称霸全日本的咖啡零售店"。

对于食品的安全安心层面，我们也同样追求"高品质"。7-Eleven便利店在选址上采取了密集型选址战略，即短时期在一定区域内，毗邻商圈集中开店，呈网状扩展门店数量。由于与7-Eleven共同开发便当、饭团等日常食品的生产商通常会在便利店的开店区域内建立专用工厂，所以密集型的选址战略让7-Eleven的专用工厂率超过98%，以绝对优势位列便利店业界的首位。

我们认为便当工厂不使用任何防腐剂与人工色素还远远不够，甚至杜绝了酱油等调味品以及火腿等腌制品必备的防腐剂。例如，我们严格禁止原材料工厂在7-Eleven的三明治火腿中添加可以提高火腿、香肠等加工食品口感的磷酸盐。之所以能做到这一点，正是因为有专用工厂的存在，确保了我们的产品不会和其他公司产品的原材料发生交叉污染，进而在食品安全安心的层面上实现了"高品质"。

在销售第一线的门店内，员工们贯彻了四项基本原则，分别是"产品备货齐全""鲜度管理""舒适整洁"和"亲切服务"。同时，7-Eleven便利店的每间门店都配有被称为OFC（Operation Field Counselor）的店铺经营顾问，他们每周都定期前往门店进行运营和经营上的指导。

7-Eleven总部每两周会花费一天时间，召集全国各地2000名以上的OFC至东京召开FC会议，通过会议分享公司最新的信息和成功案例。我每次也都会在会长讲话环节，向出席的员工反复强调与解释便利店经营的基本原则。会议结束后，OFC又将返回零售门店，以会议中汲取的信息为基础，结合店铺的实际情况，向各个店长提出建议和指导。

重复这一循环，将帮助便利店不断提高产品和服务的品质。这种在"便利性"的基础上提供"高品质"价值的产品与服务才能得到顾客的认同。

各个连锁便利店品牌的店铺位置和规模程度都大同小异，可是为何还会在日均营业额上出现超过12万日元的显著差别呢？在便利店行业的"高品质"与"便利性"上，7-Eleven以"便利性"为基础，精益求精地追求"高品质"，完美地权衡了两者。7-Eleven不同于其他便利店的市场定位，成为了我们经营优势的根源所在。

之所以我如此追求"高品质"，是因为不断提高产品的实质价值是7-Eleven不变的"立场"。同时也必须在此基础上，接二连三地加入新的"素材"，为顾客提供崭新的产品与服务。所以我才会对前文北野武等著名笑星的"普遍适用型笑料"产生极大的同感。

◎ 如何挖掘空白市场？

纵观各行各业，势头强劲的企业大抵采取了非常明确的权衡（Trade Off）战略。例如在价格上追求"便利性"、又在功能面嵌入"高品质"的优衣库正是其中的代表性企业。

一味追求"高品质"的百货商场久而久之也会被顾客厌倦，但如果转换角度，在产品和服务两方面附加"便利性"的元素，则能让顾客重新认识到百货商场的价值。例如，我们集团旗下的崇光·西武百货商场自从在食品销售区域陈列了7-Premium系列的产品后，就成功获得了顾客如潮的好评。

伊藤洋华堂的事业领域中，有一个设立在东京23区等都市区域、名为"伊藤洋华堂食品馆"的小型超市。这一超市主营食品类产品，其经营理念结合了"高品质"与"便利性"的元素。

以JR中央线阿佐谷车站的周边为例，虽然这一区域的人口密度非常高，但只有一家位于车站前的低价超市零售日常用品。如果走相同的低价路线，则很难让顾客对我们店铺的价值产生认同感。于是，设立于车站前的伊藤洋华堂食品馆阿佐谷分店，致力于在"便利性"的基础上提升"高品质"的比例，以此开拓了市场的空白地带，最终获得了顾客的好评。

另外，如果大型综合超市在苦心经营服饰类产品的时候，不只是单纯地追求"低价"，而是在日常服饰中也引入具有"高品质"质感的时尚元素的话，就能更好地向顾客展现大型综合超市的价值。

在IT领域，热销产品多半也被投入了市场的空白地带。例如苹果公司的iPad。因为我天性怕麻烦，所以不喜欢操作时必须点击鼠标、敲击键盘的电脑。在这一方面，方便随身携带的iPad只需触摸画面就能直接操作，并且还提供了形形色色的App，在"高品质"的性能上完美地实现了"便利性"。

另一方面，企业如果对权衡战略模棱两可，在"高品质"和"便利性"两方面都做得不够完善，则不得不面对被消费者和市场淘汰的命运。在这一点上，凯文·梅尼（Kevin Maney）所著的书籍《权衡：你的产品要的是体验，还是便利？》帮助我开拓了经营的战略视野，并被我极力推荐给集团的员工们阅读。书中告诫企业在权衡"高品质"和"便利性"时切忌含糊其辞，否则将令自己身陷市场的不毛之地。

凯文·梅尼在书中介绍了美国星巴克的案例。初创时期，星巴克的理念是"为都市人打造一片放松身心的绿洲"。公司以"高品质"为基本战略，组合搭配了咖啡店的"便利性"，得到了顾客们极大的支持。

然而，当带领星巴克成为世界级连锁品牌的霍华德·舒尔茨（Howard Schultz）退引后，继任董事长从2000年代后半段开始，为响应华尔街的期待，以快速扩张的战略加强了开店攻势。然而，随着店铺总数的增加，咖啡的口感和芳香度却有所下降。同时期推出的超低价早餐，也使得门店内总是飘荡着一股廉价料理的味道。此外，曾是星巴克独家特色、被称为"合伙人"的员工们，所表现出的服务水准也大幅下滑[1]。星巴克"高品质"形象逐渐被淡化的同时，他们的"便利性"也没能达到与麦当劳比肩的程度，因此曾一度陷入市场的不毛之地，营业业绩急速下滑。在这一紧要关头，霍华德·舒尔茨临危受命，亲自挂帅首席执行官，帮助星巴克重归"高品质"的核心价值，成功重塑了品牌灵魂。

---

[1] 星巴克在全球的每一位员工，包括每周兼职工作在20小时以上的员工，都有机会持有星巴克的咖啡豆股票（Bean Stock）。这是创始人舒尔茨早在1991年面向全体雇员推出的股票期权计划，目标就是让每一个员工都持股，都成为公司的合伙人。

让我们把视线收回便利店，作为日本7-Eleven本家的美国7-Eleven也曾于1980年代落入了市场的不毛之地。当时，美国超市实行24小时营业制度，并展开了强劲的打折促销活动。为了与之抗衡，各个连锁品牌的便利店也紧随其后加入了打折热潮，结果却被卷入激烈的价格战，陷入了收益不断下降的恶性循环。因为便利店提供的产品数量远没有超市齐全，所以和超市打价格战几乎没有胜算。在这样既没有"高品质"，"便利性"亦不够完善的背景下，美国7-Eleven最终不得不申请经营破产。

为此我飞往美国，导入了日本7-Eleven的经营方法。通过提高快餐类食品的品质和鲜度等方法，在保留"便利性"的同时，嵌入了"高品质"战略，实现了企业的重生。现在，美国7-Eleven已经属于日本7-Eleven的全资子公司。

如果企业的业绩增长遭遇瓶颈，请试着确认问题是否来源于"高品质"和"便利性"的权衡战略。

一成不变的态度将令企业在不知不觉中被淘汰

企业在权衡"高品质"和"便利性"时，有两点必须引起注意。

第一点是，卖方所考虑的"高品质"和"便利性"并不一定契合买方的需求。

例如，一般的银行虽然以专业性上的"高品质"为特点，但总给人以高高在上的印象，也并非是穿着凉拖即可随意进出的地方，所以人们在前往银行时总习惯穿戴得比较正式。但是，不论在哪里的ATM（自动取款机）操作存取款，现金的价值都是恒定的。因此，为了让顾客更方便地存取现金，7-Eleven创立了Seven银行，把ATM装入了便利店。相比银行的ATM，我们以"可穿着凉拖"使用的附加价值，挖掘出了消费者的潜在需求。当7-Eleven决定成立Seven银行之初，曾遭到金融行业内外的一致否定，或许对金融业界而言，很难理解"便利性"的想法吧。

另一个必须引起重视的关键点是，顾客所追求的"高品质"和"便利性"经常会沿着价值轴发生变化。如果卖方不及时随之做出改变，可能会在不知不觉中被市场淘汰，陷入不毛之地。

例如，以往对食品采用的"加量不加价"的促销，能直观地让顾客感到实惠，体现价格上的"便利性"。但是，在当今少子化和老龄化问题日趋严重的时代，单身人士和夫妻小家庭的比例逐年增加，"量大"对他们而言不再具有吸引力。如果还以"量"来体现"实惠"，商家则将陷入市场的不毛之地。

适用于现在的做法是，在同一价格水平上提高产品品质或者以减量提质的方式，使顾客感到"便利性"的同时又能体验"高品质"，从而激发他们的购买意愿。其中，7-Premium系列产品的小包装配菜就是典型的例子。

近年来，出版业市场持续低迷，出版物的销量逐年递减。面对这一现状，出版社很容易把问题归咎于他人，认为"是读者不能慧眼识珠，购买我们精心打造的图书"。事实上，出版社自身并没有发现读者所追求的"高品质"已经悄然改变，开始更侧重于"便利性"。所以现在的出版业正可谓处于市场的不毛之地。

7-Eleven在以往选址住宅区附近开店、24小时营业的"便利性"中，加入了代收公共事业费用、代缴税金、利用多功能复印机发行"住民票复印件"和"印鉴登记证明"等多项便民服务。为了更好地融合"高品质"和"便利性"，7-Eleven也在持之以恒地努力着。

只要思维还停留在历史经验的延长线上徘徊不前，卖方必定将陷入市场的不毛之地。为了避免这一结果，商家必须时刻保持战略性思维，对产品的特点做出权衡取舍。

当今时代的顾客，究竟需要怎样的"高品质"和"便利性"？应该如何权衡产品的"便利性"和"高品质"？一旦停止了对这些问题的思考，停止了应对变化的举措，市场的不毛之地也将悄然而至。

◎ 消费者的购买动机在哪里？

物质过剩的时代，所有消费者都处于"饱腹"的状态，他们只会购买自己喜欢的，或者打破了前定和谐、在"高品质"和"便利性"上都表现出了新价值的产品。那么，消费者的购买意愿是在何时产生的呢？换言之，即是指消费者的购买目的与动机。

我在访谈牛窪惠——一位既擅长两性评论又非常熟悉消费者购买行为的营销作家时，也曾提出了同样的疑问。她过去运用"一个人的市场""草食系男子"等独创词汇所撰写的市场分析曾得到了社会的一致公论。

据牛窪惠所言，虽然与"一亿国民皆中产"时期[①]相比，目前日本社会的阶层差异化越来越明显，但其实所有阶层的

---

① 指很长一段时间内，日本既没有太多的超级富翁、也基本没有赤贫阶层的时期。

人都拥有相同的金钱观，即"只愿把钱用在自己想要用的地方，并尽可能减少除此以外的消费"。她把这一现象总结为"自发消费"。例如在购买碗碟时，人们会根据各自的生活方式和当天的心情，或是去百元店选购，或是在高档的专卖店挑选等等，类似于此的区别购买方式成为了当今消费的主流模式。

令我深感有趣的是，顾客对于流通业界的PB产品也采取了"自发消费"，表现出了区别购买的消费模式，比如在工作日购买7-Premium系列的配菜，到了周末则选择7-Gold系列的高品质产品等。而当消费者购买7-Gold系列的产品时，比起和NB产品货比三家，他们更容易产生"这是对自己努力了一周的奖励"的心理。这一类"自发消费"案例十分值得我们注目。其中的根本原因是消费者想要舒适地欢度周末时光，因此倾向于以"自我奖励式消费"实现"微奢侈"。

购买需要理由

那么，为何现代消费者倾向于"自发消费"与"自我奖励式消费"呢？我认为这是因为消费者在寻找支持自身购买行为的理由，寻找"选择的合理性"。

如果要问消费者购买的是什么，答案即是产品的价值。
7-Gold品质卓越，不过定价也不便宜。但是消费者却会通过
"今天是难得的周末""这是对努力了一周的自己的奖励"
等合理理由，使购买行为正当化。

关于现代消费者的这种心理特点，我曾和立命馆大学经
营管理研究学院的和子教授有过深入的讨论。她也与我持有
一致的观点。和子教授的研究方向是行为经济学，这是一门
有机结合了人类的行为分析理论与心理学理论的学科，也被
称为情感经济学。

正统的经济学把人假定为"理性经济人"，即所有人都
能经济而合理地计算得失与概率，并以此为基础执行有利于
自身利益的决策，确保自己的经济利益达到最大化。理性经
济人的假设剔除了心理和情感上的影响因子。

但是，现实生活中并不存在"理性经济人"。例如很多
烟民即使明白吸烟有害健康却还是难以戒除烟瘾；又或者同
样是消费1万日元，全用在服装上和全用在饮食上的心理感受
也不尽相同。可见，人们无法保证总是做出合理的判断。因
此近年来，侧重心理和情感因素的行为经济学越来越引起人
们的重视。

我从行为经济学受到大众的广泛关注之前，就在多个公

开场合反复强调："面对现代消费社会，不能仅仅依靠经济学来分析，还必须运用心理学的知识。"同时，我本人在经营中也十分注重消费的心理，曾执笔写过《铃木敏文的实践！行为经济学》一书。

和子教授分析说，"自发消费"与"自我奖励式消费"源自人们"规避损失"（Loss Aversion）的心理。**人们往往不会平等地看待损失和收益，在相同的金额下，损失带给人的感受远远大于获得。**同样是1万日元，比起得到1万日元的快乐和满足，损失1万日元的痛苦与懊悔更加令人记忆深刻。所以人们的行为总是强烈地倾向于规避损失。这在行为经济学中被称为"损失规避性"。关于这一心理，我将在第三章"'销售'即是'理解'"中作进一步的分析。

和子教授解释道："当时代前景不明朗、充满不确定性的时候，人们不想失去现在拥有的东西，不愿蒙受损失的'规避损失'心理会变得愈加普遍。不过，**这并不代表人们不愿消费，而是指他们越来越渴求促成购买行为的合理理由，即寻求'正当化消费的理由'。**比如购买奢侈品是作为对努力了一年的自己的回报；比如为了家人的健康，即使价格贵也要选择高品质的食品；又比如为了打扮可爱的宠物，购买漂亮的衣服等等。"

这些例子说明顾客的消费并不再局限于产品本身，而是赋予了消费活动更多的意义。换言之，**当顾客找到合理化消费的理由或者令自己信服的因素时，他的消费行为就不再是单纯地购买"东西"，而更像是购买"一个事件"**。比如购买7-Gold系列，不是为了产品本身，而是借此作为对自己辛勤工作一周的奖励；购买价高而质优的食品，目的更侧重于为家人的健康着想。

借用牛窪惠的话来说，现代消费者并非在消费产品本身，而是由自己重视的事情引发了消费行为。或许"自发消费"与"自我奖励式消费"正象征着"购物"时代开始走向"购事"时代。

购物是一项娱乐

这么说来，也曾有人异曲同工地把购物称为"一项大型娱乐活动"。7&i控股集团从2012年4月起把集团的品牌信息统一为"拥有新的今天"。而构思了这句话的则是身为广告撰稿人与创意指导的岩崎俊一。

岩崎总能敏锐地捕捉时代发展的脉搏，创作了许多脍炙人口的文案，例如丰田普锐斯的"赶上21世纪"、日本邮政的"贺年卡是一份礼物"等等。在对话岩崎的过程中，他曾说过这样一段话。

> 我曾多次参与涉及零售业的工作。在工作过程中我注意到，当消费者在店里发现"生活中有这样的东西一定很方便"之类的超出心理预期的产品，内心一般都会涌现出强烈的喜悦感。从这点而言，购物可谓是一项大型娱乐活动。

岩崎提到的"生活中有这样的东西一定很方便"的产品，与其说是一个消费者心中原本就明确需要的产品，不如说是让顾客在店铺购物时，内心突然萌发出"我一直就在寻找它"的潜在需求并因而产生购买意愿的产品。所谓"千金难买心头好"，这时候绝大多数的顾客都会毫不犹豫地掏出钱包。

社会越富足，物质越丰盛，顾客越想要找到合理化消费的理由和让自己信服的选择，因此"自发消费""自我奖励式消费"与"事件消费"也会变得越来越多。面对这一现状，卖家理应顺应顾客的需求，努力为他们提供能合理化消费的理由和让人信服的选择。

销售的"临门一脚"

市场策划专家辰巳渚用"临门一脚"形容"为顾客提供具有信服性的选择"。辰巳对现代消费市场和消费者本身持有独到的观点,他的著书《放弃技术吧!》也是一本日本国内销量突破百万册的畅销书籍。在过去的访谈中,他所提出的卖方和生产制造方必须完成"临门一脚"的观点至今让我记忆犹新。

辰巳同样认为,虽然现在日本的消费者没有特别渴求的产品,却依然具有消费意愿,只是他们已经变得疲于应对选择了而已。

他举例说道:"过去美国风格的经营方式是最大限度地展现产品类别的多样性,让顾客自行挑选中意的产品。在日本,以自助服务为卖点的超市正因采用了这种经营法,才得以在过去实现了急速成长,获得了巨大成功。但是,现今的日本消费者已经变得疲于应对选择,所以,制造商和卖方应该积极地协助消费者找到需求的产品,通过各种方法,完成最后的'临门一脚',催化顾客的购买行为。"

为疲于选择的顾客提供令其信服的选购理由,踢出最后的"临门一脚"——要完成这一点，关键是在作为零售第一线的门店中巧妙地运用卖方的智慧，比如卖场的布局、备货的方式以及接客的态度等等，这些环节在今天已经变得无比重要。对此，我将在第三章"'销售'即是'理解'"中进行更为详细的说明。

在这里先回顾总结一下之前的内容。

为疲于应对选择的顾客提供合理理由的基本原则有：

一、舍弃"捕捉第二条泥鳅"的思路，勇于打破前定和谐，提供新的价值；

二、以"可可、黄油与文库本"为模版，寻找新的组合搭配法则，提出有新意的方案；

三、在现代消费者最为关注的"便利性"与"高品质"的两个坐标轴中权衡取舍，寻找市场的空白地带。

关于流通业的PB产品，即使重视低价、追求"便利性"的消费者占据了六成的比例，但如果有九成卖方都在为这一市场提供产品，顾客也会疲于应对选择。相信那里也存在不少想要"捕捉第二条泥鳅"的商家吧。

另一方面，追求"便利性"与"高品质"的四成顾客则被一成卖方打破了前定和谐的"临门一脚"所感动，不必为选择而烦恼。并且，他们并不只是单纯地购买产品，而是在享受着各种"事件性"消费带来的乐趣。

假如你是卖方的话，又会选择哪种产品战略呢？

如果想要成为一成的卖方，关键是保持不变的"立场"。以7-Eleven便利店为例，我们不变的立场是坚持"站在顾客的角度"思考问题，满足连顾客都没有意识到的潜在需求，并且经常实质性地提高产品的价值。如果以此为基础，不断引入新的"素材"，创造新的产品价值，就能避开九成卖方正在激烈争夺的市场。

当然，顾客追求的"便利性"与"高品质"的价值观时时发生着变化，坐标轴也随之而变动，一旦卖方停滞不前就将陷入市场的不毛之地。所以我们必须不断寻找新的空白市场，只要持之以恒地重复这一过程，就能确保自己成为一成的卖方。

◎ 如何面对质疑声？

本章的最后，我想为大家介绍适用于创新的构思方法。

前文提到的牛窪惠曾有多次协同食品生产商工作的经历，当我询问她对7-Eleven与生产厂商合作开发PB产品的看法时，她的回答令人深思。

在NB产品的开发第一线，研发人员经常受限于预算控制，难以毫无后顾之忧地施展创造力，事实上他们都对此颇有微词。这样的背景下，能生产类似于7-Premium和7-Gold等新颖且专注于品质的产品，对生产商而言也是一个难能可贵的机会。所以从我的角度来看，贵公司在PB产品领域持续挑战新事物的行动具有非常重要的意义。

实际上，我曾拜托三得利控股集团的社长佐治信忠说："请以贵公司的最高规格生产品质最佳的啤酒。7&i集团保证全部买下。"佐治社长当时非常惊讶，感叹道："我从业这么久以来，第一次听闻这样的要求。"在那次会面之后，我们双方开始共同研发高品质啤酒，推出了百分之百选用精品麦芽制造而成的7-Eleven限量发售产品"农场直送麦芽·纯生啤酒"。虽然每罐（350毫升）138日元的高定价在罐装啤酒中并不常见，但我们却只花了一个月就完成了原本三个月内售罄的目标。

而与日清食品控股公司社长安藤宏基见面时，我同样提议道："请不计成本地为7&i集团制造品质最完美的产品。"听说日清食品内部曾专门开会讨论是否应该接受7-Eleven的产品定制要求。最后，7-Gold系列中的第一款方便面"日清名店风味系列"应运而生，虽然每桶方便面的零售价为268日元，高于NB方便面的定价，却依然受到了消费者的支持。

"由于这些全都是7&i控股集团的限量产品，生产商又得到了全数购入的保证，所以最终才接受了高标准的开发要求。"正如牛窪惠所言，一般情况下，即使制造方的公司内部提出"请以我司的最高标准不计成本地生产品质最佳的产品"，恐怕也无法轻易地得到认可。

当人们试图创造前所未有的新鲜事物挑战崭新的项目时，总不乏来自于公司内外的质疑声。我本人也一直重复着提出新的创意然后遭受反对的循环。以下是我从业以来的几个经典例子。

·二十多岁在东贩宣传部工作时，我提议彻底改革宣传刊物《新刊新闻》，遭到了上司与董事会成员的否决。

·三十多岁转行伊藤洋华堂，在担任管理职务时为了筹措资金，建议高层策划公司上市，结果受到了公司内部的董事、公司外部的顾问律师和主要合作银行的反对。

·为了证明小型店能与超市等大型店共生共荣，我提议创办日本第一家真正意义上的连锁便利店7-Eleven，却饱受来自公司管理层、业界相关人士、专家学者等几乎所有人的质疑。

·为了确保便利店的存货平衡，我在大批量进货还是业界惯例的时期，提出了小额配送的概念，因而遭到批发商的强烈反对。

·当便利店采取年中无休的经营方式后，为了在新年也能为顾客提供新鲜的食品，我向面包生产商提出了正月配货的请求，却被严词拒绝。

· 创业之初，每天来便利店送货的货车数量高达70辆（现在一天只有9辆）。为了减少车次，我开始协调各牛奶品牌的生产商把同一地区同类厂家的产品混装在一起共同配送，再次遭到了强烈反对。

· 我提议在便利店内零售日式快餐，准备推出便当和饭团类产品，却被别人批判道："这样简单的食物任谁都可以在家里完成，所以绝对卖不出去。"

· 在伊藤洋华堂的净利润超过三越，成为日本第一后的第二年（1981年），根据半年度财务结算的数据显示，伊藤洋华堂的收益出现了自创业以来的首次下滑。为了应对卖方市场向买方市场的过渡阶段，我计划对原先的经营制度进行根本性改革，从"丰富的备货"转向"精选畅销产品，剔除滞销品"，却被内部质疑"减少库存必定影响营业额"。

· 1997年，日本消费税税率从3%调升至5%。翌年，为了突破萧条的市场现状，我力劝董事们在伊藤洋华堂举办返还5%消费税的促销活动，结果却遭到了大多数高层的否定。因为在当时，即使营业部为产品贴上降价10%甚至20%的促销标签，也少有人问津，所以董事们认定区区5%的让利活动更难以取得成果。

・为了使7-Eleven的各家门店可随时向顾客提供新鲜出炉的现烤面包，我要求生产商尽可能把工厂设立在便利店的附近，并重新整合从生产到配送的所有环节。对于这一提议，面包生产商表明了反对的立场。

・为了让7-Eleven便利店有资格安装ATM，我决定成立公司的自有银行。对此，以金融界为首的反对意见甚嚣尘上，外界评论说："外行即使开了银行也注定失败。"甚至连当时主要合作银行的董事长也亲自劝我"悬崖勒马"。

・当我要求舍弃低价战略，开发以品质为优先的PB产品，以及决定在7&i集团的7-Eleven便利店、伊藤洋华堂、崇光·西武三个业态不同的卖场中以同一价格推出同一PB产品时，遭到了集团内各公司负责人的反对。

·提出开发品质更完美的7-Gold时，有员工消

极地认为："如此高昂的价格一定鲜有人问津。"

　　回顾历史可以发现，在我创造新的事物、挑战新的项目

时，总是不得不面对来自公司内外的强烈质疑。然而事实

上，许多我反复游说异议者直至他们同意，或者是提议"先

尝试一下再作定夺"，从而力排众议执行的项目，大多取得

了成功。

　　反之，对于周围人普遍赞成的事业，我却鲜有参与的热

情。经济高速成长时期的保龄球行业以及日本泡沫经济时期

的地产投资正是典型案例。

　　1960年至1970年，保龄球运动曾经在日本风靡一时。许

多大型超市纷纷在门店内增设了保龄球馆。伊藤洋华堂公司

内部也出现了越来越多提议进军保龄球事业的呼声。然而我

却坚决地投出了反对票。

　　保龄球事业只需建立场地、投入设备并参照经营手册就

能即刻开始营业，几乎没有进入壁垒。因为任谁都可以轻易

地参与这项事业，所以各家店之间很难实现良性的差异化

竞争。于是不难预见，久而久之保龄球市场必将达到饱和状

态。结果正如我所预测的那样，保龄球一时的热潮没过多久

就消散得无影无踪。

另外，在20世纪80年代末的经济泡沫时期，当众多企业忙着投资地产的时候，我们集团坚定地"两耳不闻窗外事"，一心专注于本职工作。

为何在挑战新事物时会受到周围人的反对呢？在与畅销书《战略就是讲故事》的作者，一桥大学国际企业战略研究院的楠木建教授对话时，他以如下理由清晰地解释了这一问题。

> 教科书上把战略解读为另辟蹊径、寻求差异化的经营方式。但如果采取了无法盈利的方式则毫无意义。所以，战略的正确解读应该是，寻求有盈利可能的差异化经营方式。第一眼就可发现"有利可图"的项目，任谁都会看穿。即使这项事业起初没什么人投入，但如果轻易就能被察觉其中的盈利点，势必将吸引大批商家进驻，引发激烈的竞争。如此看来，真正能触发全新产业的创新，一开始绝不会被大多数人看好，想必铃木先生创办7-Eleven便利店之初也正是如此吧。

单纯凭借经验就能判断"有利可图"的项目总会吸引大

多数人加入，市场的环境由此变得越发严峻，最终导致各商家不得不陷入残酷的竞争。所以，**大家都认为有利可图的事业基本没必要参与其中，反之，多数人认为"这肯定赚不到钱"的项目则象征了绝佳的机会。**所有人赞成的事业大多以失败或者平庸告终，多数人反对的事业却往往能取得成功——这不仅是我的经营经验，众多接受过访谈的嘉宾也有相同的体会。

如果没有先例可循，不如就由自己开创

Ecute是JR东日本建立的车站内部商业设施，它戏剧性地改变了车站格局，引发了巨大的社会热潮。在我访谈从零开始一步步建成Ecute的镰田由美子时[①]，提到过"打破思维定势"和"向不可能发起挑战"的话题。镰田也曾在外界的质疑声中，坚持挑战，最终获得了成功。

镰田建立Ecute的初衷是想把人来人往、无人逗留的车站，改造为形形色色的人们在此购物、娱乐的"聚集型车站"。为了形成这一新的价值，镰田必须从零开始审视车站

① 镰田由美子原为JR东日本Station Retailing社长，现任东日本Frontier Service研究所副所长。

内的所有设施，设计、构造出整体的组合。经过慎重的思考和研究，镰田提出把车站的中央大厅与商业区域整合成一个空间。

但是在JR集团，车站设施交由铁路企业的各部门纵向管理，所有负责人都被划分在不同的区域。即使改建一个小小的洗手间，也必须严格遵守地板材料和照明等方面的种种规则。并且，JR的企业文化极为传统，公司内部对于镰田等人的提议表现出了强烈的否定态度。据说就连建立配菜零售区的提案，也被公司内外批评说"根本没人愿意在车站购买配菜"或"配菜的气味极可能对车站的形象造成不良影响"。

镰田通过JR集团内部招募的员工年龄大多在20到35岁之间，他们几乎对流通业一窍不通。面对这些年轻的职员，镰田一直强调："如果认定这一项目能够满足顾客的需求，即使违背业界的常规或者遭到激烈的反对，我们也必须积极地向前迈进，坚持对工作保持主人翁意识。"她告诉我："当员工们都抱有主人翁意识和坚定的信念时，自然能体会到工作的真谛，同时也有助于提高团队整体的凝聚力。"

其实，Ecute项目在寻找入驻店铺上也遭遇了困境。因为当时和现今不同，许多商家都对车站持有负面印象。听说即使Ecute方面推行了租金优惠的政策，他们与商家的交涉工作依然困难重重。面对外界的阻碍，镰田不曾有丝毫妥协，在她的带领下，年轻职员们奋勇直前，不断突破了阻碍。最终，Ecute以JR大宫站为起点，陆续在品川、立川、日暮里、东京、上野、赤羽车站开幕，目前已经成为了JR东日本站内商业设施的代表性品牌，受到了大众的广泛喜爱。

我对镰田的创业经历可谓感同身受。在创办7-Eleven便利店之初，我通过报纸广告招聘的职员们基本都是没有零售经验的门外汉；设立Seven银行的时候，参加项目组的集团成员也对金融一无所知。但正因为门外汉的身份，才让我们的思维不受制于公认的常识与历史经验，能够从新的角度发起挑战和改革。

前文提到，主动从著名出版社离职的见城彻，在1993年创办幻冬舍时，也只有与编辑相关的知识储备与工作经验，对出版流通和图书销售几乎一窍不通，因此外界斩钉截铁地判断他注定失败。但见城彻却先后以"投入高额广告费，全面宣传幻冬舍打头阵的6册图书""短短三年间，发行62册文库本"等一系列在他人看来"近乎匪夷所思的决策"，打破了出版行业的"既定规则"，带领幻冬舍一举成为了深入人心的出版业品牌。

在创造新事物、挑战新项目的时候，如果找不到现成的方法，就需要自己研究和开拓新的道路；如果无法达成所有的必备条件，就去改变条件本身。之所以大多数人反对的事业往往能收获成功，是因为开拓者们面对质疑时反而越挫越勇，想要成就事业的信念与主人翁精神愈发强烈，并且一旦攻破难关就能创造出前所未有的新价值的缘故。

当然，明知没有任何胜算还一意孤行的话，的确是有勇无谋的行为。"挑战"与"有勇无谋"是两个完全不同的概念。以我自己为例，当对某项挑战或创新的把握超过七成时，我就认为值得一试。

如果卖方固步自封，不愿开拓创新，终将被顾客与时代无情地淘汰。选择大家都赞同的项目，则不得不挤在面向六成客户的市场，与九成商家展开角逐。相反，挑战大多数人反对的项目，则能进驻面向四成客户的市场，与一成商家携手并进。

仅仅站在过去的延长线上就能判断出"有利可图"的项目大抵缺乏未来的潜力，相反不被看好的事业往往潜藏着巨大的商机。

过去和未来，哪一个更值得关注？如果想要改变一成不变的工作方式，请时时关注未来，探寻丰富多样的可能性。

第二章

顾客内心的秘密

因为我们是和普通人做买卖，所以服务或产品必须贴近生活。我一直对员工强调，在经营时不是"为顾客着想"，而应该"站在顾客立场"思考。虽然这两个概念看似大同小异，但"为顾客着想"终究是以卖方的立场为前提，脱离了消费者的普通生活；而"站在顾客立场"思考则跳出了工作和历史经验的框架，找到了贴近生活的角度。

◎ 站在顾客的立场上思考

北野武营造笑料时习惯在不变的"立场"上增添全新的"素材"。因为他抖包袱的切入点十分有趣，所以他的笑料作为"普遍适用型笑料"为大众所接受，并且令人难以生厌。我在前一章节曾提出，这一方式同样适用于商业领域。

我所理解的不变的"立场"是指经常"站在顾客的角度"考虑。顾客今后将寻求怎样的新事物？这个问题的答案其实正藏于他们的内心之中，只有顾客本人才知道。那么，作为卖方又该如何找到这个答案呢？在本章中，我想重点讲述该如何寻找潜藏于顾客内心的需求。

我每次一抓住机会就会强调，卖方不应该从"**为顾客着想**"的角度出发，而是要"**站在顾客的立场上**"思考。"为顾客着想"和"站在顾客的立场上"思考乍看之下大同小异，所得出的结果却南辕北辙。那么究竟是哪里不同呢？接下来，我将以自身的亲身经历为例，介绍过去在东贩工作期间，改革《新刊新闻》的过程。

《新刊新闻》改版前的编辑方针是"以新书目录为中心，主要面向爱书之人"。与此相比，我思考的角度却是："再热爱读书的人也不愿成天只阅读学术或文学类专著，他们反而更需要一本主题轻松愉快、可以调剂心情的读物。"于是，我提出了改革方案，建议减少刊物中新书目录的篇幅，增加基调轻松的文章，把刊物的开本由原来的16开缩小至32开，并由免费发行改为收费售卖。对此，以出版界专家自居的上司们却反驳说："以我们长年在出版社积累的经验来看，这样的改版难有起色。"

这一对比充分体现了"为顾客着想"和"站在顾客立场"考虑的不同之处。上司们认为大量登载新刊目录是"为顾客着想"。但这其实是从卖方的立场出发，在希望书籍销量越来越高的前提下"为顾客着想"的结论。上司们的想法源自历史经验，坚信"喜欢购买大量图书的爱书之人必定希望新刊目录的篇幅越多越好"。

总之，"为顾客着想"的论点不乏基于历史经验的思维定势与教条主义。与此相对，"站在顾客立场"考虑时，则常常必须舍弃身为卖方的立场与过去的成功经验。

有许多人虽然强调"要为顾客着想",最后却又会下意识地回到卖方的立场。在我访谈的众多嘉宾中也有类似的例子,比如实现奇迹般改革的旭山动物园前任园长小菅正夫。他通过改变视角,从"为顾客着想"转为"站在顾客立场",为濒临倒闭的动物园重新注入了新的活力。

重新审视动物园

自1980年起,旭山动物园的入园人数突然开始呈现急转直下的趋势。某日,动物园市场部的负责人告诉当时担任饲养部股长的小菅说:"照此下去动物园不得不关门大吉。"得知这一情况的小菅,为了调查游客"不再需要动物园"的原因,开始"站在游客的立场上"重新审视动物园。于是,他发现了一个事实。

我们在游客眼中是动物园内部的工作人员,所以几乎没有机会以游客的视角参观动物园。但当我重新站在游客的立场审视动物园时不由得大吃一惊——动物们总是用屁股对着游客。其实仔细想想这也不难理解。对动物们而言,不论是平常给它们送来食物、照料它们生活的饲养员，还是像我这样为它们注射药物、带来"痛苦"的兽医，全都是从动物园内部出现的。在动物们眼中，游客并没有任何特别之处，于是它们只愿把全部注意力放在工作人员身上。这样一来，游客必定会觉得无趣。

在此之前，即使有游客向他反映："动物们总是在睡觉，真没意思。"小菅也百思不得其解。仔细想来，当动物们面对工作人员时，或是期待美味的食物，或是忐忑不安地等待注射，总是条件反射地保有紧张感。换言之，工作人员每天如同坐在特等席的绝佳位置上观赏着动物们形态各异的表现。此后，小菅让工作人员改为从游客的位置接近、照料动物。动物们很快察觉到了这一变化，开始集中注意力面对游客，观察饲养员和兽医何时会从人群中走来。

小菅毕业于兽医专业，在进入动物园后，他对这份能饲养和研究动物的工作感到无比的充实与自豪，因此也认为动物园的存在是"对顾客有益"的。不过，这充其量是站在自身角度看到的景象罢了。小菅注意到这一点后，与同事们绞尽脑汁，悉心研究怎样才能把动物们生龙活虎的姿态展示给游客们，最终创造了"行动展示法"。

"行动展示法"的形成背景中，还有另一个根本性的思维转变。转变的契机来自于某位游客不经意间的感慨："这些动物们失去了自由真是可怜啊！"听到这句话的小菅不禁觉得奇怪，怎么会可怜呢？动物们饿了有饲料吃，生病了马上有兽医治疗，可以活得更惬意更健康，这样难道不是很幸福吗？但是，过后却有一个疑问浮现在了他的心中："动物们真正享受到了生存的乐趣吗？"

动物的生存目的归根结底是繁衍后代，它们为了这一目标拼命觅食以维系生命。在自然界的野生生活中，动物每一天都为此而努力，并在达成目标时感知到生命的喜悦。但一旦到了动物园，它们的食物全权交由饲养员供应。一天24小时中，进食只占了短暂的30分钟，余下的23小时30分则不得不无所事事地度过。这无疑是一种煎熬——当"站在动物的立场"看待自认为是"为动物着想"的事时，竟发现了截然不同的结果。

以此为契机，旭山动物园正式启用了行动展示法。例如在北极熊馆里，北极熊会把玻璃外的游客当作自然界中的主要捕食对象——海豹一样，气势汹汹地飞扑过来。又如猩猩园中，工作人员在相距十几米的两根柱子间架起木桥，并以一根柱子下的饲料为饵，吸引另一个柱子旁的猩猩登桥上演

"空中漫步"。而海豹馆内则利用整面透明的树脂板打造出了纵深的海底空间，让海豹能清晰地看见游客的身影，引发他们穿梭于水间追逐鱼类的习性。行动展示法的目的正是让动物自如地展现与生俱来的天性。

原先小菅站在动物饲养员的立场出发，自以为动物园现在的状态"对动物有益""有助于游客观赏"。然而，当他"站在游客和动物的立场"决定启用行动展示法后，入园参观的游客人数触底反弹，成功让动物园摆脱了倒闭的命运。旭山动物园这出堪称奇迹的复活剧目有许多值得我们深思的地方。

收到花束后的问题

选择"为顾客着想"还是"站在顾客立场上"思考，有时会产生大相径庭的结果。这一点也被其他人察觉到了。运营青山鲜花市场的Park Corporation社长井上英明即是其中一人。井上十分注重"站在顾客的立场"思考问题。他在指导员工设计卖场的布局、销售员的动作路线、价格铭牌和包装款式等方方面面时都站在顾客的角度斟酌考虑。井上告诉我，这样的思维方式主要源自于过去的一次亲身经历。

以前因为个人原因我经常有机会收到快递送来的鲜花。但每次我都不得不大费周章地从外箱中取出花束。虽然严实的打包能避免花朵在运送过程中受到损伤，但过度的包装难以拆卸不说，有时从发货至到货地即使只需一天，花蕾也可能绽放出花朵，而过度的捆包则可能损坏这些在运送过程中生长的花朵和枝叶。

我们过去为顾客打包鲜花时也曾在装箱上动足脑筋，力求保证花束的完整性。但是，当我实际收到鲜花后却发现，虽然一直认为自己站在了顾客的立场上思考，但是把鲜花严密装箱的做法，其实并没有考虑到顾客取出鲜花的艰难过程，所以根本称不上是站在顾客的立场上考虑。这一体验让我深切地感受到必须设计一种更易于取出鲜花的箱子。

这是一个十分值得关注的重点，只考虑到装箱送花的步骤，说明我们自始至终是以发送方的工作为核心，在此基础上尽可能"为顾客着想"而形成的结果。虽然自认为是"站在顾客立场"考虑，但终究没有跳出"以卖方为中心"的思维框架。

另一方面，如果真正"站在顾客的立场上"考虑，那么一定会联想到他们取出鲜花时的情形。所以为了做到这一点，我们下定决心改变过往的工作方式。

脱离现实需求的"加量促销"

"为顾客着想"的思维模式，最大的问题点在于"偏离了顾客的真正需求"。

伊藤洋华堂有这样一个典型事例。年末时，超市对年夜饭使用的黑豆食材实行了加量不加价的促销方法。然而销售业绩却不甚理想。相反在改为论斤称重售卖后，黑豆的销量却一下子上涨了好几倍。商家原本想通过加量促销的方法给顾客一种量大价优的实惠感。这在物质匮乏的卖方市场时代，是非常符合顾客需求的做法。

但是，当今社会老龄化与少子化问题愈演愈烈，家庭成员的平均人数逐年减少。因此从顾客的立场来看，加量促销的方法不过是商家的硬性要求，让他们"被迫购买超出需要以上的数量"，脱离了顾客的实际需求。

必须满足顾客需求的道理谁都明白。然而伊藤洋华堂的事例却体现了商家固有的思维定势和行为模式，即身处买方市场时代，仍然容易拘泥于过往的经验，自以为"加量促销的方法是为顾客着想"。另一方面，若想"站在顾客的立场上"考虑问题，则必须暂且忘却历史成功经验。为了贯彻这一点，我甚至严格禁止员工在公司内说出"为顾客着想"这句话。

是"为顾客着想"还是"站在顾客的立场上"思考？请重新审视自己目前的思维方式究竟属于前者还是后者。

"煮"出来的红小豆糯米

"为顾客着想"的思维模式还存在另一个问题点：大多数时间，人们虽然口口声声说"为顾客着想"，实际不过是站在自己的能力范围和现有的条件下思考或行动而已，在某种意义上是以卖方的情况为优先。另一方面，当"站在顾客的立场上"思考时，即便有可能给卖方带来不便也必须坚持贯彻。

例如7-Eleven便利店在1993年开始零售的原创面包类产品——"现烤直送面包"正是用"为顾客着想"的思维模式绝不可能想到的产品之一。

当时，大型面包生产商在全国有限的地区内建立工厂，先批量生产NB产品，再将这些产品送往全国各地的面包店。

厂商认为，无论是一线城市还是地方城市，远距离还是近距离，能让顾客在所有面包店中买到同质的产品就是"为顾客着想"。因此，比起味道和新鲜度，厂商更重视食品的安全性，致力于研发保质期较长的产品。

但是，这一思维模式其实是在通用的生产、物流和销售框架中尽最大努力确保产品品质的做法，嘴上说"为顾客着想"，结果却以卖方的利益为前提，选择在限定区域的工厂进行批量生产。

7-Eleven的思维方式则与之相反，我们在决定从生产到销售的所有环节时，一切都必须以顾客的需求为出发点。总之，不是把卖方的利益作为前提实现"相对的好"，而是结合顾客的要求追求"绝对的好"。这就是"站在顾客立场"的工作模式。

当站在顾客立场重新看待面包时，不难想到顾客不仅追求有安全保障的食品，更希望能随时随地购买到在口味和新鲜度上都出类拔萃的现烤面包。这即是顾客的潜在需求。为了满足这一需求，我们决定在7-Eleven便利店附近设立专用的面包生产工厂，并根据销售的峰值及时配货，为了实现这一点，必须从零开始重建生产到配送的所有环节。

但是，当时没有一个面包生产厂商支持这一提议，他们认为不可能只为7-Eleven首开先河。既然现有的业界常规无法满足我们的要求，那就由我们自己来寻找实现的方法。而这也是7-Eleven自创业以来一直秉承的理念。因此在与厂商交涉无果后，我当即决定："由我们自己来完成。"

随后，7-Eleven找到拥有独立技术的面包厂商，借助大型商社、大型食品生产商和地方食品生产商的力量建立了各地便利店的专用工厂，并逐步在全国开始推行"现烤直送"面包。直到现在，这一产品仍旧是7-Eleven收益的主要来源之一。

另一个经典的产品案例是7-Eleven研发的"红小豆糯米饭团"。有一天，我在例行的董事试吃会上尝了一口新开发的糯米饭团，却并没有品评出其本身应有的香糯口感，于是便找到研发负责人询问糯米饭团的制作工序。

结果负责人竟然告诉我说，红小豆糯米和普通米饭采用了同一条生产线。实际上按照正确的工序，红小豆糯米应该配以蒸笼蒸制，但是开发团队却在专用便当工厂中使用了现成的烧饭锅煮熟糯米。尽管他们在水量、火候和焖煮方法上花费了大量心思，却始终无法研制出类似专卖店般"筋道有嚼劲、颗粒饱满"的红小豆糯米。

为什么不用蒸笼蒸制呢？负责人回答道："这是由于7-Eleven的专用便当工厂并不具备以蒸笼蒸制大量糯米的工艺

和设备。"开发团队之前研究了数十家专卖店和地方名店的红小豆糯米，所以绝对知道正宗的红小豆糯米需要运用蒸制法。然而，他们却仅仅因为工厂缺少相应的设备，就放弃了正确的方法，改用现成的煮饭工具。这正是在现有条件的范围内，以卖方的实际情况为前提形成的思维模式。

顾客即使选择在便利店购买红小豆糯米，也一样期待能品尝到地道的口味。如果想要真正地回应和满足顾客的需求，那么在制作红小豆糯米时就不能选择和白米饭相同的做法。

红小豆糯米必须使用蒸笼蒸制——我立即要求开发团队改变制作方法。为了做到这一点，所有分散在全国各地的7-Eleven工厂必须引进专用于红小豆糯米的新设备。虽然投资金额不是一笔小数目，我仍旧毫不犹豫地拍板执行。

开发团队回到起点，重新开始研究糯米的品种、淘洗方法、浸泡时间、小豆的选择、蒸煮方法等所有要素，在克服了重重难关后，终于让红小豆糯米饭团脱胎换骨，一经再次发售即获得了顾客的喜爱，现在也是7-Eleven便利店当仁不让的人气产品之一。

尽管不符合商家的利益，也要坚持按照消费者的需求执行。这才是"站在顾客立场"思考的工作方式。虽然花费了高额成本，造成一定时间内的低效率，但如果最后的成品能让顾客产生共鸣，就一定可以获得成功，确保收益。

　　是在卖方的能力范围内"尽最大努力"，还是全权以顾客的需求为出发点，前后两者的结果天差地别。如果明明已经使出了浑身解数还是难以成功的话，请反思自己的思维与行动是否受制于卖方的利益范围。

◎ 真正的竞争对手是"瞬息万变的顾客需求"

商家真正的竞争对手并不是同行，而是瞬息万变的顾客需求——这既是我的口头禅，也是"铃木语录"中极具代表性的一句话。

面对激烈的市场竞争，我们习惯倾向于关注和同行间的较量。比如拿自己公司与其他竞争对手相比较，如果自家公司的产品是90分，其他公司的是70分，那么就算自家公司更胜一筹。但是，这只是卖方一厢情愿的想法，在顾客看来，可能两家公司的产品并没有显著差别，都徘徊于60分及格线的上下。

即使自诩胜过同行，但如果得不到顾客的肯定，也只能称之为自我满足。反之，当认定自己逊色于同行，紧随其他公司步伐的话，则容易陷入模仿的误区。以上无论哪种都会让顾客疏远我们。

哪个卖家的产品更胜一筹或是略为逊色？A公司与B公司究竟哪个更好？这种相对型的比较应交由身为买方的顾客实行，而不应该由卖方判断。如果商家得到了顾客的支持，自然能在与同行的竞争中脱颖而出，占据优势地位。因此我才强调："真正的竞争对手是瞬息万变的顾客需求。"

不仅是我，我所访谈的经营者们都持有类似的观点。例如运营Francfranc的日本BALS公司社长高岛郁夫正是如此。

高岛在创业前曾就职于家具制造工厂，主要负责向家具专卖店和百货商场批发家具产品。工作了一段时间后，他发现家具业界大多采用了Product Out战略①，几乎无法回馈消费者的意见。因此他决定由自己创造倾听顾客心声的商业模式，于是以当时工作企业的子公司形式成立了BALS。1992年，BALS旗下的Francfranc第一号店在高岛的筹划下正式开业。

当然，售卖家具仍旧是公司不变的目标。由于家具业界流传着"一个人一生只会造访家具店三次"的说法，所以高岛认为，首先要通过杂货和家居小摆设为顾客提供来店的目的，在平时培养起顾客对门店的亲近感，这样一旦他们需要购置家具时，就能在第一时间想起Francfranc。

---

① 指企业在产品开发、生产和销售的过程中，站在卖方立场，以生产商的利益为优先的战略方式。

另外，当时的主流家具店是汇集了客厅、餐厅、厨房、卧室等所有家具类型的大型门店。对这一模式同样抱有疑问的高岛，选择了不同于主流家具店的战略方向。他侧重于制定明确的家具理念，并只锁定符合这一理念的产品，旨在向顾客清晰地传递品牌信息。最终，Francfranc确定了"Casual Stylish（休闲时尚）"的产品概念，把受众群定位于25岁左右的单身都市女性。

因为Francfranc的经营理念区别于其他家具店，所以高岛几乎从不关注同行的竞争对手。我对他下面的这段话留有深刻的印象。

我从不去刻意了解同行的动态。因此，在公司成立后的十几年间，我基本上从未与同行的人见过面。我认为如果不能坚实地打好公司的根基，就不得不面临与其他同行之间的激烈竞争。于是，我首先专注于公司本身，不断探究自己品牌的世界，然后再结合顾客对产品理念的反响，打造出倾听顾客声音的家具店。

我也抱有同样的想法。如前所述，我曾严令禁止公司职员以市场调查的名义明察暗访其他便利店。与其关注横向的同行，不如一心面对眼前顾客的需求变化。如果紧盯同行的动态，就必须与他们站在同一个地方一决胜负。但如果能打造出属于自己的天地，则能一对一地专心面对顾客。

Francfranc为避免卷入同行间的激烈角逐，致力于打造原创产品和门店，现在他们的原创产品已经达到了总体的70%。这与从创业之初就大力开发独创产品的7-Eleven便利店有许多不谋而合之处，让我产生了极大的同感。

跨领域竞争的时代

当今的市场竞争不再局限于单一的业界或业态，竞争对手经常会冷不防地从某个毫无关联的领域中现身。换言之，现在是不同领域的企业间较量产品与服务的大竞争时代。同时这也是无需关注同行的另一个主要原因。

早稻田大学商学院教授、长年在波士顿咨询集团担任经营咨询顾问的内田和成把这一现象解读为"跨领域竞争"。

内田曾为《权衡：你的产品要的是体验，还是便利？》一书注解。以此为契机，我曾与他交谈过一次。

据内田所言，其实正是便利店这一行业抢先打响跨领域竞争。随着便利店的普及，比起餐厅与小吃店，许多年轻人更愿意购买便利店的便当作为简餐。而这就是餐饮行业与便利店行业的跨领域竞争。

作为跨领域竞争最为经典的例子，内田还列举了最近风行全球的智能手机。通过观察早高峰时期的电车可以发现，阅读报纸的人变少了，而拿着智能手机的"低头族"则越来越多。点击智能手机不仅可以随时查阅新闻等多样化的信息，还能玩各种游戏消磨时间。因此，游戏机与智能手机行业也展开了跨领域竞争。原本只发生在游戏机制造厂商之间的竞争，受到来自智能手机这一外来者的强力冲击，陷入了意料之外的苦战。

当7-Eleven便利店推出Seven咖啡，立志成为"称霸全日本的咖啡零售店"时，恐怕在咖啡行业看来，也是突然从便利店行业冒出了新的竞争对手吧。

目前7-Eleven的所有产品中，年销售总数名列全日本第一的有便当（约4.6亿盒），饭团（约17亿个），杂志、书籍、漫画（约2.4亿本），啤酒类饮品（约4.6亿瓶），Seven银行的ATM利用次数（约6.9亿次）等。正如内田所说，便利店确实是跨领域竞争的先驱行业。

身处这样的时代，我们必须建立"以消费者为出发点，思考新事业连锁"的概念。"事业连锁"也是内田提出的专业名词，意指包含产品-服务的售前与售后在内，从产业上游至下游的所有相关事业。

面对跨领域竞争时代，过去企业在封闭的活动区域内创造价值的思维模式已不再适用，突破原来的活动区域和公司所处的行业，积极创造出新的事业连锁，才是明智之举。作为其中的典型案例，内田列举了音乐界的变化。

以往的音乐产业，由拥有签约歌手的唱片公司制作发行音乐CD，进行宣传等行销活动，再通过音像店等渠道售卖。

突然有一天，与音乐完全是两个世界的苹果公司进入了这一行业。自此，消费者可以通过随身携带的音乐播放器iPod、音乐管理软件iTunes和无线音乐商店iTunes Store在任意时间从网络下载任何一家唱片公司的数字音乐格式。凭借这一点，苹果公司的创始人史蒂夫·乔布斯在音乐产业的世界里创造出了前无古人的事业连锁。

根据内田的理论，7-Eleven在流通行业独立创建的Seven银行也是跨领域竞争的典型，同样创造出了新的事业连锁。Seven银行目前可以使用多家合作金融机构（截至2013年3月共有584家）的银行卡，其最大的特点是让银行的ATM进驻便利店，并且整合各种ATM的功能研发出了一个多用途的机器，同时还剔除了传统银行的融资等业务，最终创建了相对于现有银行的新型事业连锁。

在这层意义上，7-Eleven和食品生产商共同研发的7-Premium系列亦不外如是，这一系列囊括了包含行业上游的原材料采购在内，从策划到销售的全部环节，可谓创造了新的事业连锁。

但是，我们选择在7-Eleven售卖便当类产品、Seven咖啡、7-Premium系列以及创办Seven银行的初衷，并非是想和原有的餐饮业、咖啡业、食品产业及银行业竞争，抢占他们的市场，归根结底，我们主要的目的是"站在顾客的立场上"考虑，为顾客提供便利的产品与服务。一言以蔽之，正是因为我们不断坚持"以消费者为出发点，思考新事业连锁"的理念，才造就了7-Eleven便利店的今天。

7-Eleven刚在日本起步时，无论是零售业的专家学者还是媒体新闻界都一致断定"便利店在日本不可能成功"。论其原因，一是便利店的所有备货都可以在超市找到，二是便利店受制于狭小的门店面积，在备货种类上不可能赢过大型超市。

于是我觉得想要"置之死地而后生"，关键在于对顾客需求的精准把握，因此从创业以来我们一直致力于开发原创的产品与服务。在这一过程中，7-Eleven的员工顺其自然地养成了"真正的竞争对手是瞬息万变的顾客需求"这一思维习惯。

　　在横向的竞争中，超越同行之时即象征着抵达终点。但应对顾客不断变化的需求却永无止境。今后，7-Eleven也必将继续创造出更多以顾客为出发点的新型事业连锁。

◎ 顾客明天的需求才是关键所在

真正的竞争对手是瞬息万变的顾客需求。那么，如何才能抓住顾客的需求呢？答案的关键在于"顾客明天的需求"。

但是，身处需求不断发生改变的时代，商家无法轻易察觉顾客未来所追求的新事物。即使对现在的顾客做问卷调查，咨询"您需要怎样的新产品"，仅仅参照这份调查范围有限的问卷结果也很难帮助商家获取创新的灵感。因为消费者无法回答出"现在并不存在的东西"。

比如针对"黄金面包"，如果预先询问顾客："您愿意在便利店购买每斤定价250日元的高级面包吗？"恐怕没有几个人会回答"Yes"吧。然而"黄金面包"却在上市后得到了食客们的极高评价。

使用高端食材，打破便利店饭团的常规定价，单价范围在150日元至250日元的特色饭团也是如此。如果事先调研："您愿意在便利店购买200日元左右的高级饭团吗？"也许大多数人都会摇头拒绝。但是，特色饭团一经推出即登上了当年的"热门产品排行榜"。

像这样，如果在发售前对7-Eleven便利店的诸多畅销产品进行问卷调查，咨询顾客"推出这样的产品您是否愿意购买"，想必将得到不少否定的回答。可是，当这些产品上架后却无一不受到顾客们的青睐。

当今时代，消费市场处于饱和的状态，只有当消费者亲眼看到具象的产品，才能察觉自身的潜在需求，答案也在此时发生了逆转。可见，现代消费者往往"言行不一"，并且他们自己也描绘不出心里想要的产品形象。

因此，对于还未出现的产品，顾客只能参照目前的在售产品回答。以便利店的面包为例，因为主流定价通常是每斤100日元左右，所以如果询问顾客是否愿意购买每斤250日元的面包，得到的回答必定是"No"。

但若是卖家也采取同样的思维模式，则无法创造出满足顾客潜在需求的产品。是以卖家在策划新产品时必须抛却过去的成功经验，跳出业界公认的常识，重视"建立假设"的工作方式。

顾客明天的需求潜藏在每个人的内心深处，无法被轻易察觉。因此为了准确建立关于顾客未来需求的假设，必须读懂他们的内心。那么如何才能读懂顾客的内心世界呢？我将以7-Eleven便利店的产品采购法为例，为读者答疑解惑。

为何梅干饭团在海边的小店热销？

7-Eleven在日本拥有15000多家门店，总计雇有30多万勤工俭学的学生与临时工。恐怕再没有一处地方能像7-Eleven一样，每天贯彻着"建立假设"的工作方式了。

在7-Eleven的各个门店中，有一项被称为"分担订货"的工作，就连勤工俭学的高中生也有采购产品的权限。平时他们也不乏负责采购便当、饭团等重要产品的机会。正因为7-Eleven便利店每天都需要重复"假设与验证"的过程，所以这些几乎等同于门外汉的打工学生们也熟练掌握了订货的工作。

7-Eleven每天上午都要为第二天订货，订货时必须建立假设，分析推测明天可能的畅销产品。那么假设又该如何拟定呢？回答这一问题时，我经常会拿"海边小店的梅干饭团"打比方。

假设在海边的某个小镇，通往钓船码头的小路上有一家7-Eleven便利店。现在正是垂钓的最佳时节。第二天恰好是周末，据天气预报报道，明天天气极佳，是乘船钓鱼的好日子。所以可以想象，从明天一大早开始就会有钓鱼客顺路来便利店购买当作午餐的食物。因为中午的气温将大幅上升，所以从钓鱼客的心理考虑，应该更需要不易损坏和腐败的食物。"这样的话，梅干饭团应该很好卖吧！"根据上述条件，店员树立了这样一个假设，然后加大了对梅干饭团的采购量。

钓鱼客来店里购买午餐前，大多没有直接的购物目标。所以当他们看到货架上陈列着满满的梅干饭团POP广告①上梅干饭团最值得钓鱼客选择的宣传时，则将引发连自己都没意识到的潜在需求，刺激购买行为的发生。此外，得到满足的顾客也会认为"这是一家十分理解钓鱼客需求的便利店"，从"头回客"变成"回头客"。可见，合理的假设还有助于增强顾客的黏性。反之，如果不进行任何预测，不树立任何假设，只是同往常一样进货，那么就难以发现钓鱼客竟能如此青睐梅干饭团。而作为顾客，那一天也只好购入其他产

---

① Point of purchase advertising，购买点广告，广告形式的一种，指在购买场所内部设置的展销专柜以及在商品周围悬挂、摆放与陈设的可以促进商品销售的广告媒体。

品，但内心说不定会因为店里没有提供自己最想要的食品而感到失望，削弱了再次来店购物的意愿。

我们把有助于洞察顾客未来心理、预测潜在需求的信息称为"前瞻性信息"。梅干饭团的例子中有两个明显的前瞻性信息：一是"晴天"将导致"中午气温上升"的天气信息，如果天气预报说"多云""气温下降"，那么也许钓鱼客将更偏爱口感浓郁的什锦饭团或香煎饭团；另一个信息则是"周末"和"垂钓"的集会与活动信息，提起能一边钓鱼一边享用的食物，顾客的第一反应即是饭团。同理，如果附近的体育馆预定在第二天举行运动会或比赛，那么则可以建立"分量十足的便当定会热卖"的假设。

此外，我们还可以从不同的角度出发建立假设。例如在春季黄金周期间，位于东京住宅密集地区的便利店就建立了这样的假设：长假期间，许多人都选择外出旅行游玩，因此可以推测顾客数量相对平时将有所下滑，并且来店消费的顾客年龄层也应该比往常更高，如果成功满足了这些顾客的需求，一定能提升他们未来成为常客的概率。

于是，某个甜品系列进入了店员的视野。这一甜品以透明果冻包裹住了各类新鲜水果，虽然在7-Eleven便利店中从未得到过大力推广，但它本身美味爽口，价格也适中（150日元），是重视健康的顾客经常购买的饭后甜点。长假期间，便当等日常产品的货架前稍显冷清，当把这款色泽鲜艳的果冻堆积在一起时，店铺却呈现出了热闹的气氛。因此整个地区积极地发出了订货单。据统计，该产品平常的日均销售额大约维持在2000日元上下，而长假期间竟然不断有门店的单日销售额突破了1万日元。并且前来购买的顾客正如事先建立的假设一样，多为当地的老年人。

在同一地区的某个门店，有位勤工俭学的学生受到了"果冻假设"的鼓舞，自己也跃跃欲试地建立产品假设并完成了出色的业绩。他觉得，长假时期不一定每个家庭皆"倾巢出动"。假设只剩"爸爸"一人留守家中又该怎样为自己准备晚餐呢？这时如果有即食咖喱的话就能轻松解决吃饭的难题了。因此，他特意采购了各种即食咖喱并以专卖区的形式陈列，结果成功地提升了营业额。其实这名学生平常一直负责即食咖喱的采购工作，我想正因为他在实践过程中熟悉了产品的特点和受众群，所以才能够做出如此直观的假设。

酷暑时节，冰淇淋和冰制食品自然不愁销路，这时我们也会参考第二天的温度信息建立不同的假设。当翌日最高气温将超过30℃时，刨冰就是我们的重点采购目标，而当气温可能低于30℃时，7-Eleven则会陈列更多的冰淇淋。另外在二月份时，如果天气预报说第二天气温上升，将是个体感较热的日子，那么即使还未迎来春天，7-Eleven也会建立"中华冷面说不定有销路"的假设，在店里陈列中华冷面。说起来"冬日卖冷面"的案例也是7-Eleven广为人知的产品策略之一。

POS系统没有顾客明天的数据

7-Eleven的POS系统（Point of Sales，销售时点信息管理系统）详细地记录了每个商品在不同时间段的销售数据。卖家在建立假设、发出订购单后，一定很想知道产品的实际销路是否与假设相符。此时即可使用POS数据核查结果，这一步骤也就是我们常说的"验证"过程。

POS系统起源于美国，原本是用来防止结算错误或在柜台收银时的不正当行为。而日本的7-Eleven便利店则是全世界第一家把POS系统作为采购和管理产品的工具灵活运用于市场的企业。

不过在另一方面，POS系统的详尽数据也容易让人受到数字的影响，误以为今天卖得好的产品明天也一样卖得好，进而完全参照系统中的销量排名采购第二天的产品。但实际上

POS系统提供的是"顾客昨天"的数据，并不能自动总结出"顾客明天"的数据。顾客明天的需求、产品明天的销量需要商家建立假设仔细研究，而POS的主要功能则在于验证假设的正确与否，帮助商家继续下一轮的"假设-验证"。

像这样日复一日地对每个单品进行假设和验证，在门店备足顾客所需的畅销产品，剔除滞销产品，并且提高订货准确度的过程就称为"单品管理"。

POS系统是验证假设的工具，同时根据POS数据，商家也能够发现顾客的潜在需求，建立新的假设。

例如位于市中心商务区的7-Eleven便利店，每到午餐高峰期都会卖出大批量色拉。其中的主要消费者是搭配便当购买色拉的女性顾客。某天，查看POS数据的OFC发现，在早高峰时间，色拉的销量虽然不及中午，但势头依然强劲。听店铺职员说，早晨总有许多年轻的女性上班族顺路来便利店购买。OFC由此猜测这些女性是出于瘦身的目的购买色拉作为早餐，于是便向店长说明了这一可能的潜在需求，建议提高早高峰时段的色拉供应量。

结果这一假设正中红心。实际上不仅有许多女性上班族喜欢把色拉作为早餐，也有不少人为了避免午间的购买高峰，习惯在早上提前买好放进公司的冰箱。从此以后，这家便利店在早晨也陈列出大量的色拉，成功激活了顾客的潜在需求。

又比如地方沿街的某个门店，店长在分析POS数据时发现，每到周末，利乐小包装的果汁饮料总有良好的销量。为了一探究竟，他特意观察了周末的购买人群，结果发现许多开车经过店门口的一家三口常常顺道进入店内购物，大人为自己购买碳酸饮料，再给小孩购买利乐包装的百分之百纯果汁饮料。由于利乐的纸盒包装配有吸管，即使在行车途中也不容易洒出，并且百分之百纯果汁也给人以安心感，所以他推测，比起瓶装饮料，孩子的家长更愿意选择纸盒包装。于是从第二周起，店长开始在周末集中采购利乐包装的果汁，陈列于货架的显眼位置。

揣摩顾客的心理建立假设

研究上述建立假设、采购产品的例子可以发现，每个负责人在订货的时候都认真揣摩了顾客的心理。海边的便利店理解了钓鱼客在炎炎烈日下需要不易腐烂的食物的心理；住宅街的便利店注意到了一家之主希望简单解决晚饭的心理；商业区的便利店发现女性顾客热衷于瘦身的心理；沿街的便利店读懂了父母不希望孩子在喝饮料时粗心弄脏自驾车座椅的心理，以及在冬天的暖和日子，体感较热的顾客想吃中华冷面的心理。这些门店都以顾客的心理为基础建立了假设，成功挖掘出了他们的潜在需求。

我本人在策划新产品与新项目时同样会积极揣摩顾客的心理，并以此作为基础建立假设。比如过去有这样一个例子。7-Eleven便利店曾经把饭团的售价降至100日元，但降价带来的热度却仅仅维持了半年。接下来该如何是好呢？产品研发负责人提议推出90日元的饭团，因为他从100日元饭团的热销经验推测："不景气的大环境下，消费者更喜欢价格低廉的产品。"

但在我眼中却看到了截然不同的消费者心理。仔细研究各种销售数据可以发现，即使在物质富足的时代，消费者对新事物仍然具有非常敏锐的触觉，一旦发现便即刻为之吸引。100日元饭团的畅销主要是因为出现了前所未有的价格区间，顾客可以用低廉的价格买到曾经标价130多日元的饭团，所以体验到了新鲜感，达成促进购买行为的效果。但如果再一次下调价格，只会令顾客觉得商家黔驴技穷，在重复毫无新意的伎俩。

于是我对研发负责人说："现在的顾客不喜欢看到一成不

变的套路。"并建议选择黄金鲑鱼、盐渍鲑鱼子等比普通饭团更高端的食材，推出定价接近200日元的特色饭团。这对于便利的饭团来说，可谓是破天荒的价格。一开始，公司内部非常不理解我的决定，100日元饭团的畅销经验让他们形成了"价高对顾客无益"的认知。

但是，即使从价格层面分析，如果"站在顾客的立场上"来看，依然能发现不一样的结果。午餐时间，顾客在便利店购买便当和饮料的花费大致在500日元出头一点。如果购买两个170～180日元的高价饭团，再搭配味噌汤或其他饮品的话，总价也基本能保持在500日元左右。如此一来，既不超出预算范围，又可享受到高端食材的新式饭团，必定能引起顾客的购买兴趣，显然具备尝试的价值。而这也正是揣摩顾客心理所得出的结论。结果，这款"特色饭团"一经推出立即受到了消费者的喜爱，当年饭团类销售额的增长率同比上一年度也达到了两位数之高。

应用第一章提到的"高品质"与"便利性"两个坐标轴来分析，100日元饭团的空白市场，是沿着产品价格"便利性"的坐标轴移动得出的结果，但之后如果再次降价至90日元的话，则仍旧与100日元饭团处于同一个市场，无法给顾客带来新鲜感。另一方面，特色饭团是在便利店饭团的"便利性"上增添了此前同类产品所不具备的"高品质"元素，因此成功发掘出了另一个全新的空白市场。

创办Seven银行的思路也同样如此。我们所设想的银行和普通银行有如下两项明显的区别。

一、顾客使用7-Eleven店内的ATM，从特定金融机构账户取款时所缴纳的手续费是主要收益来源。

二、是一家不设立融资业务的狭义银行（即专业结算银行）。

如前所述，这一想法遭到了来自金融业界等社会各方的一致反对。有人毫不留情地说："银行都一个接一个地破产了，零售业在这个时候'蹚浑水着实不合理'，或是'外行即使开了银行也注定失败'。"甚至连当时伊藤洋华堂主要合作银行的董事长也特意找到我，好言相劝道："从金融行业的专业角度分析，各大银行的ATM数量早已处于饱和的状态，所以通过ATM盈利的计划根本没有出路。希望你及时悬崖勒马，我真不愿看到你最后失败的模样。"

尽管如此，我却从7-Eleven代收公共事业费服务急速上升的受理件数中，读懂了顾客内心追求金融便利性的需求。虽然不是百分百肯定，但我至少有七成把握，因此果断建立假设付诸行动。

当时市面上的ATM均价基本保持在800万日元以上，如果以此成本为前提，经营确实存在较大的风险。但另一方面，置于便利店的ATM只需最基础的存取款功能已然足矣。因此我们划时代地把ATM原先使用四条线路确保存取款、报警、系统和电话功能的模式改造为使用一条线路单一管理的形式，最终彻底实现了成本缩减，成功将ATM的造价控制在了市价的四分之一，即200万日元以内。当时每台ATM的保本使用人次是日均70次左右，而到了现在，每台ATM的日均使用频次已增长至110次左右。

◎ 回归顾客视角

经常有人问我："为何你总能准确地把握消费者的心思呢？"其实这个问题的答案非常简单：因为我本人就是一个任性而矛盾的消费者。

实话道来，我提出研发每袋1斤250日元的"黄金面包"，是因为自己想要尝尝口味优于过去所有面包的产品。在开发PB的7-Premium系列时，比起低价更重视品质也是因为我"任性"地认为食品非达到好吃不可。

上文曾写道，我虽然长年从事着流通行业的工作，却几乎没有任何销售和采购经验。这样的我之所以能成为大型流通企业的经营者，正是因为我时刻保持着消费者的心理，"站在顾客立场思考"的缘故。

其实这是每个人与生俱来的能力，因为任何人离开工作，都是一名普通的消费者。所以，只要回归平常的生活，就不难领会消费者的内心。所有被称为"热潮推动者"的经营专家都具有一个共同的特征，那就是非常重视站在平常生活的角度展开思考与联想。

例如，日本当今广告业界与设计业界的知名创意指导、负责7-Eleven整体形象设计的佐藤可士和正是如此。面对消费饱和的市场，佐藤涉足广告、产品、店面、品牌形象等多个领域，亲自参与设计指导，创造了各式各样的畅销产品和热门品牌。

据说佐藤自高中立志成为一名设计师以来，一直深信"必须看到时代的未来，否则势必被时代淘汰"。

在和他对谈交流的时候，我请教道："应该从何处入手捕捉时代的变化？"

佐藤回答说："灵感和创意总是隐藏在日常生活之中，在观察生活时我有双重身份，一个是作为普通人的自己，一个是以设计师身份观察前者的自己。"

简而言之，就是从普通人对生活萌发的各种感受中，汲取作为设计者所需要的灵感和创意。佐藤以过去设计手机的经历为例，更为直白地解释了这一点。在此引用我们对话中的一部分内容，希望读者重点关注佐藤频繁提到的"外行的视角"。

铃木：我认为针对当今市场的产品研发必须彰
　　　显独特的新意。尽管我始终要求员工保
　　　持创新精神，但他们却很难做到。怎样
　　　才能像佐藤先生一样，充满创造新事物
　　　的灵感呢？

佐藤：缺乏新意的产品确实缺少震撼人心的冲
　　　击力。其实除了前所未有的创新，有时
　　　从"带来新鲜感"的角度入手，也能挖
　　　掘到出乎意料的新事物。我在阅读您的
　　　著作时发现，您非常重视"外行的视
　　　角"。我同样觉得"外行的视角"是创
　　　造新事物的利器。思考问题时，从自身
　　　对日常生活的疑问和困惑出发是非常重
　　　要的。然而，一旦进入了工作模式，人
　　　们往往会不自觉地从公司或某些冠冕堂
　　　皇的角度看待问题。

铃木：您说得没错。因为我们是和普通人做买
　　　卖，所以服务或产品必须贴近生活。我
　　　一直对员工强调，在经营时不是"为顾

客着想"，而应该"站在顾客立场"思考。虽然这两个概念看似大同小异，但"为顾客着想"终究是以卖方的立场为前提。这就和您说的"冠冕堂皇的角度"一样，脱离了普通的生活；而"站在顾客立场"思考则跳出了工作和历史经验的框架，找到了贴近生活的角度。

佐藤：这两者确实很容易混淆。记得我初次参与设计的产品是一款手机。此前我一直很想购买一台外观颜色完全统一的手机，比如要是红色的话，所有外观细节就必须都是红色，可是不知道为何市面上并没有这样的产品。当我询问开发人员原因时，对方理所当然地解释道，"这是因为黏合手机的中间有一块橡胶素材，而橡胶的颜色必须是灰色"。原来在手机业界中，零件材料不同则颜色不同是常规做法。其实，统一手机颜色并非技术难题，只是需要负担额外的成本而已。但是从普通人看来，相比些许的成本因素，能拥有一款全红的个性手机显然更有吸引力。于是当我从外行的设计视角推出了单色手机后，迅速获得了消费者的热烈支持。自此，材料不同也要统一颜色成了手机外观的主流设计方式。

铃木：确实如此，当研发负责人不断地追究一些细节问题时，反而容易遗漏掉产品真正的关键所在。

佐藤：是的，虽然控制成本对企业而言是非常重要的一环，但是如果只抓住这一点不放的话绝对得不到任何灵感。相反，站在外行的视角，发出"为什么不能变成这样呢""多做一步明明更好啊"的疑问后，对这些根本性问题的解决过程，即是获得灵感的最佳途径。

（节选自7&i集团《四季报》2009年Winter）

不要把自己当作专业人士

在与佐藤的对话中，他强调了"外行视角"的重要性。关于"外行的力量"，我在前一章节也曾以BALS公司为例，介绍了井上英明社长创建青山鲜花市场的前因后果。井上原非鲜花零售业的专家，他在25岁踏入鲜花领域时还是一个彻头彻尾的外行。也正因如此，井上并没有被行业的历史经验所束缚，成功打破了前定和谐，以比过去更为合理的定价向顾客提供庆典专用的华丽鲜花，通过在"高品质"中嵌入价格上的"便利性"，挖掘出了无人涉猎的空白市场。

JR东日本的Ecute亦如是。这一项目的带头人镰田由美子在JR集团内部招聘的20到35岁的年轻员工们基本对流通行业一无所知。所以他们在遭受来自公司内外的异议时，也能准确判断顾客的需求，突破业内常规的局限，以主人翁精神面对工作，最终成功建立了Ecute。

创业之初的7-Eleven，通过报纸招聘的职员们大多是没有任何零售经验的门外汉。而建立Seven银行时，参与开拓项目的成员也都是对金融界知之甚少的外行人士。结果正是我们这些"缺乏经验的人"跳出了原有的常规与历史经验，不畏艰险地发起了挑战。

重视"外行的视角"，以贴近生活的角度思考——堪称专家中的专家，在前文多次出现的秋元康也是以这一态度面对每天的工作。对于我的问题"打破前定和谐的创意源自何处"，他是这么回答的：

在策划新的电视节目时，把全员集合于封闭的会议室里冥思苦想的方法其实有碍于灵感的迸发。例如，TUNNELS的综艺节目中，有一个名为"讨厌食物之王大赛"的人气环节。这一环节诞生的灵感来源于石桥贵明与三个主持人外出吃饭的时候。用餐间隙，他们无意中谈起了自己不爱吃的食物，结果发现每个人讨厌的食物都迥然相异，甚至有些回答还出乎意料的有趣，因此，石桥萌发了举行"讨厌食物之王大赛"的想法。这显然是在会议室里如何拍脑袋也想不到的好主意。

每个职员回到家后，就回归了普通的父亲或者女儿的身份。在上班间隙的闲谈中，人们也时不时会聊到"跟你说，昨天，我的孩子……"或者"我老婆……"等类似的话题。事实上，这些话题就藏有启发灵感的源泉。对某些有趣之处，我们这些制作人总以为只有专业人士才能理解。事实上普通人和专家的笑点基本没什么差别。所以我非常重视在平凡生活中感悟到的有趣之事。

秋元的一番话表明他非常重视跳出工作的框架，站在"普通的父亲""普通的儿子""普通人"的立场，也即是以"外行的视角"感悟平凡生活中的趣事。

建立Francfranc品牌的高岛郁夫为了丰富员工们的感受性，鼓励他们尽可能减少加班，珍惜自己的私人时间。据高岛说，在公司上班的时候，绝大部分工作都是机械化的，但作为职员最重要的并不是"机械化的劳作"，而是应该丰富自己的感受性，不断提高"创造力"，并且这一能力"需要在朝九晚五外的私人时间中培养"。

高岛本人一有时间，就会抛开手头的工作，周游世界，以自己的眼睛观察与感受来自纽约、巴黎、伦敦等国外街头的各种信息。这些信息并不完全和产品相关，而是囊括了社会动向、时尚潮流等方方面面的内容。他经常以这些信息为基础预测未来消费者的关注点，建立有效的"假设"。

以"设计师"佐藤可士和观察"普通人"佐藤可士和

消费者在追求怎样的新事物？虽然消费者本身无法回答出目前不存在的东西，但是问题的答案依然潜藏于他们心中。只要跳出工作的格局，站在买方或接收方的立场，任谁都能回归消费者的心理。

那要想注意到这一点又该怎么做呢？佐藤可士和的话提醒了我们。他说："灵感和创意大多隐藏于日常生活，我在观察生活时有双重身份，一个是作为普通人的自己，一个是以设计师身份观察前者的自己。"

"普通人的视角"任谁都拥有。当然，作为普通人的佐藤，也比一般大众拥有更为敏锐的感受力。不过佐藤之所以是佐藤，还因为他有一个"以设计师身份观察前者的自己"。

我和佐藤有一个共同之处，即习惯从"另一个我"审视自己的观点。我经常嘱咐公司员工们："工作时要客观地看待自己。"也就是指从"另一个我"的角度对自己的想法做出客观的评价。当站在"另一个我"的角度时，不仅视角发生了变化，自己也能跳出工作的框架，回归顾客的立场，意识到自身任性而矛盾的消费者心理。然后卸下麻痹感观的"过滤器",发现买方的需求正在发生日新月异的改变。

另一方面,那些经验丰富、自称是专家大佬的人,说话时常喜欢使用"以我的经验来看"的固定句式。然而,这个句式的真正含义却是"对我而言得心应手的方式"或是"我认为正确的做法"。

自诩为专家的人只信任符合历史经验的数据与信息。一旦出现了与经验相悖的现象,他们的第一反应是判断"这个数据不严密",然后弃之不理。这是因为过往的成功经验作为"好的记忆"储存在了他们的脑海里。每当出现类似的情况,"专家们"就习惯读取"好的记忆",重复过去的成功经验。

为了突破思维定势,重新判断历史经验是否适用于今天,正确的做法是站在"另一个我"的角度,回归消费者的心理客观地思考。从"另一个我"看待自己是一件知易行难的事,因此我们必须时刻提醒自己,努力做到这一点。

佐藤可士和以"设计师的自己"观察"普通人的自己"对生活的各种感受,再从中汲取灵感与创意,吸收时代的前沿信息;秋元康抛弃"行业专家"的意识形态,不断挖掘出让身为"普通人的自己"感觉"有趣"的事。

所以，作为卖方的我们，理应不忘"外行的视角"，站在普通人的立场感受不满，觉得"要是有这样的东西就好了"。然后从中得到启发，建立满足顾客需求的假设。要记住，答案在顾客内心的同时，也藏在"自己"的心中。

第三章

"销售"即是"理解"

当我们提供产品时，必须"站在顾客的立场上"思考，一定要确认是否能让顾客迅速找到选购的理由。只有那些既没有明确的经营理念、也无法建立假设的商家，才会片面地认为"卖家提供的产品种类越多，顾客就越容易满足"。

◎ 消费者≠理性经济人

我在前一章写道，满足消费者需求的答案就藏于他们的内心，并且由于卖方本身也拥有顾客的心理，所以为了寻找答案，必须回归普通人的视角。那么，这种心理是在什么时候以什么方式运作的呢？在本章中，我想进一步加深对消费者心理的解读。

这里先提一个最近的热门话题。近期，日本的消费税税率面临两次调整，一次是从2014年4月起由5%上调至8%，第二次是将从2015年10月起由8%上调至10%。在我看来，这一政策将对消费者心理造成不小的影响，进而引起消费市场的巨大变化。

消费税的改革政策是由日本前内阁决定的，考虑到市场可能难以消化消费税税率直接从5%升至10%的剧烈冲击，政府决定以分阶段调整的方式，给予市场一个政策缓冲期。总之，政府的想法是，相比一次性调整，两次阶梯式的冲击力相对较小。民主党内部甚至有人提出把增税分成五个阶段、每次上调一个百分点的方案。

对此，我的观点完全不同。虽然我也认同政府通过调高消费税缓解财政困境的做法，但是在当下经济前景尚不明朗之际，两年内连续调整两次税率的决策，反而是对正在复苏的消费市场泼冷水的行为。虽然增税分成了两个阶段，但对市场的冲击并不会随之减半。因为冲击不论是一次还是两次，所带来的影响都是相同的。正如地震不论发生一次还是两次，人们身心所遭受的恐惧也不曾减弱一样。这就是人的心理。

1997年，政府把消费税税率从3%调整至5%后，消费市场跌入冰点，长年一蹶不振。2004年，当政府规定零售市场的标价必须把消费税计算在内，以"总额"形式呈现后，虽然税率本身没有发生任何变动，却仍然对消费产生了相应的影响。由此可见，日本人对税的反应非常敏感。所以调高税率的时机非常重要。如果一定要调整，我觉得与其分成两个阶段不如一次性地完成，避免拉长战线，扩大影响市场的时间。

相比一次性冲击，分解成两阶段更为缓和的想法，不过是政策制定方自以为合理的逻辑，实际并没有充分理解政策接受方的心理。

另外，对于最近这一次的消费税增税，政府还制定了特别措施法，禁止商家推出标有"消费税返还"字样的促销活动。根据宣传和广告的相关规定，促销中不能出现带有"税"字的表达，但可以出现与消费税增率相同的"3%降价促销""3%返还"等促销话术。听说这一规定是为了防止零售从业者违规转嫁消费税上调部分的现象。但这其实也是全然不理解消费者心理的做法。

1997年，消费税税率从3%提高至5%，消费市场因此陷入低迷。当时，为了帮助伊藤洋华堂脱离萧条的经营状态，我在翌年提出开展"返还5%消费税"的促销活动。如前文所述，董事会的绝大多数成员听了我的建议就像听到了天方夜谭一样觉得不可思议。那时候，即使让营业部门为产品贴上降价10%甚至20%的促销标签，对销售情况也没有太大帮助，所以大家质疑区区5%的促销能激起多少浪花。

虽然我据理力争，但是董事们仍然坚决不同意。于是我只好退而求其次，提出："不如就拿去年因北海道拓殖银行倒闭，消费市场跌入冰点的北海道市场做试点吧。"结果活动一经推出，立刻得到了当地顾客的热烈反响，公司当即决定从第二周起把返还消费税的促销活动推广至全国，最后营业额同比上年增长了60%。其中销量靠前的大多是单价好几万日元的高价产品。

"突破萧条，返还消费税"的宣传中包含了"反消费税增税"的意义，所以促销的事件性和包含反消费税增税的故事性引发了顾客的共鸣，刺激了他们对前一年消费税税率提高的潜在抵制。在那之后，其他零售企业也追随我们的脚步，在全国范围内普及了返还消费税的促销手段。

此次的消费税增税政策预计也将导致消费市场的低迷。从这方面来看的话，可以说禁止"返还消费税促销"的规定完全没有理解消费者的心理。

同样的促销，不一样的效果

现实中的消费者经常会做出违背经济合理性的行为。

如果把"返还5%消费税"改为"降价5%促销"的话，也许不会引起顾客太大的反响。即使两者实质相同，表现形式的不同也会促使人做出不一样的选择。

2008年9月，在雷曼兄弟的破产触发了全球金融风暴后，伊藤洋华堂超市推出的摆脱萧条计划——"现金返利大促销"又一次力证了这一观点。

"现金返利大促销"以服装类产品为中心，最多向顾客返还消费金额的20%至30%。2008年11月末的第一轮促销得到消费者如潮的好评后，洋华堂又接连推出了第二、第三轮活动。当返还率为20%时，购买1万日元商品能得到2000日元的现金返利。从逻辑上计算，这其实等同于八折促销。并且相比八折促销，现金返利的活动还需要顾客先在普通收银台交款结算，再持商品小票去另一个特设收银台领取现金，人多的时候不得不排起长龙，既花时间又费精力。

当顾客收到2000日元返利时，有许多人会对身为卖方的我们说"谢谢"；可如果是1万日元的商品打八折，同样为顾客节省了2000日元的话，一般没有人会在收银台道谢吧。

发生雷曼事件的同年夏天，原油价格再创新高，汽油价格也随之节节攀升，针对这一情况，伊藤洋华堂适时地推出了赠送"汽油优惠券"的活动。活动期间，顾客的购物金额每达到5000日元就可以获赠一张每升优惠10日元的汽油券（最多50升）。其实逻辑上这一活动等同于九折促销。根据经济学中的效用理论，两种方案理应带给消费者同等的满足度。然而，赠送"汽油优惠券"期间的全店营业额却同比上年增加了20%。这是单纯的降价促销所无法企及的效果。

像这样，消费者的行为并非完全受理性驱动，相反在很大程度上关乎心理因素的影响。另一方面，虽然卖方习惯以理性的角度判断问题，但必须牢记的是，千万不能站在理性的世界对待受心理因素驱动的顾客。

◎ "损失"比"获得"更让人刻骨铭心

为什么消费者总是做出不合理的行为呢?

在第一章中,我曾以立命馆大学行为经济学家和子教授关注的现代消费者为例,介绍了规避损失的心理。

规避损失心理是行为经济学的重要课题之一,意指人们经常不平等地看待损失和收益,在相同的金额下,损失带给人的感受远远大于获得。同样是1万日元,比起得到1万日元的快乐和满足,损失1万日元的痛苦与懊悔更令人记忆深刻。所以人们的行为总是强烈地倾向于规避损失。这在行为经济学中被称为"损失规避性"。

和子教授说,在时代前景不明朗、充满不确定性的时候,人们不想失去现在拥有的东西,不愿蒙受损失的"规避损失"心理会变得愈加普遍。在这一时期,我们与"现金返利"同时举办的另一项突破萧条活动——"以旧换新"有效地刺激了消费者"不愿损失"的心理，得到了社会大众的广泛关注。

以旧换新期间，顾客在服装类产品上每消费5000日元，就可以用一件旧衣服抵扣1000日元。这一活动举办了多次，适用产品从西服套装、大衣、手提包、皮鞋逐渐扩展到其他衣物、床上四件套、家具、厨具、餐具及电器等类型，兑换金额也放宽为每购买3000日元可以用一件旧物抵扣500日元。

其实从逻辑上考虑，这和打折促销并无差异，甚至反而需要消费者携带旧物，比直接打折迂回麻烦多了。然而，"以旧换新"期间的总体营业额却比原先提升了20%至30%。此后，这一促销方式在零售业界迅速得到了普及。

为何顾客松开了紧揣的钱包？

当初我提起以旧换新的方案时，公司内部出现了类似于返还消费税促销时的质疑声："连打折都鲜有人问津的现状下，顾客显然不可能被没有折扣只能以旧换新的促销手段打动。"这正是商家惯常使用的理性思维模式。

然而，人们的决策总是受到心理及情感因素的驱动。每户人家的衣橱里必定堆满了各种衣物，却又不舍得处理过时不再穿的服饰。这是因为人的内心本能地把"丢弃"与"损失"画上了等号。既然如此，不如由我们给消费者一个腾出衣橱空间的理由。例如用"以旧换新"赋予废弃衣物新的价值，让顾客在购物时利用旧衣服抵扣消费金额，避免"丢弃"的损失。我正是在洞察了这一消费心理的基础上才提出了新的方案。

面对消费市场饱和，顾客不必再匆忙哄抢的当今时代，卖方必须丢弃僵化的理论，寻找能刺激或温暖消费者心理的方法。

"有理由的低价"和"有理由的高价"

和子教授告诉我，同样的折扣，要是仅有"打八折"三个字，可能让消费者产生怀疑与警惕的情绪，但是如果标明减价或打折的理由，消费者则由此判断"不会损失"从而触发购买行为。对此，我想介绍一款7-Eleven与生产商共同开发的高价高品质产品。

在访谈和子的前一年，即2011年12月，我们与三得利集团共同研发了一种罐装啤酒——农场直送麦芽·纯生啤酒。这款啤酒百分之百地使用了精选的麦芽原料，是7-Eleven便利店的限量发售产品。虽然每罐（350毫升）138日元的定价在罐装啤酒中属于高位，但我们依然把门店的绝佳位置留给了它，并积极向顾客宣传这是7-Eleven独家推出的高级啤酒，结果只用了短短一个月时间就完成了原本三个月内售罄的目标。

如果商家满怀信心地向消费者传达产品信息，消费者自然能感受到其中的魅力，引发购买意愿。和子说，这里也可套用"规避损失"的理论。当卖方信心十足地制造产品，在店内留出绝佳的陈列位置，积极向顾客宣传产品的优势时，顾客也一定能感受到这份自信，认为"购买也没有损失"。所以，在前景不明朗、不确定的时代，卖方更应该扎实地开展市场营销，积极地推销产品。

消费者更易记住卖方的缺点

人往往不会平等地看待损失和收益，相同的金额之下，损失带给人的感受远远大于获得。

这种心理在日常生活中也随处可见，"寒暄打招呼"就是经典的例子。比如在公司内，年轻的职员向偶遇的领导打招呼时，如果得到了对方的点头回应，想必会感到十分高兴。但是，万一对方恰巧正在思考其他事情，没有理会职员问候的话，职员则极有可能感到被轻视，并对此耿耿于怀很久。可见在"寒暄打招呼"方面，比起"得到回应的喜悦"，"被无视的不满足"也更让人记忆深刻。其实，顾客与便利店员工间的关系亦不外如是，有时一声热忱的招呼和问好，也能给顾客带来心理上的愉悦感受。

不仅是"寒暄打招呼"，便利店的备货、产品的品质、服务的质量等一切环节皆是如此。当顾客在店里找不到最想购买的产品时，虽然可以选择其他替代品，但是比起买到原定产品的满足，"买不到所造成的失望"更加让他们印象深刻。如果反复出现这样的情况，终将流失顾客对便利店的忠诚度。

另外，如果便当的口味差强人意，那么比起味道可口的喜悦，"不够好吃的不满足感"同样更让顾客印象深刻。这时，无论其他类别的食品如何美味，顾客也会认定7-Eleven便利店的水平不过尔尔，进而失去对我们的信任。维系顾客忠诚度的难点就在于此，即使商家凭借日积月累的努力培养出了顾客的忠诚度，一旦不慎失去了他们的信任，则将很难恢复昔日的水平。

我们集团自创业以来一直遵循"灵活应对变化，贯彻基本原则"的理念。其中，7-Eleven便利店的四项基本原则可谓是维系顾客忠诚度最为基础的部分，这四项原则分别是：

一、产品备货齐全——消费者前来购物时，货架上不多不少地陈列着他们想要的产品；

二、鲜度管理——保证产品足够新鲜；

三、舒适整洁——保持门店的卫生干净；

四、亲切服务——真诚地对待每一位顾客。

卖方也有规避损失的心理

相比谋得利益，遭受损失更让人记忆深刻，由此产生的"规避损失"心理同样可以在卖方身上发现。在意大利经济学家利玛窦·墨特里尼（Matteo Motterlini）写给行为经济学初学者的《喜怒哀乐经济学》一书中，记载了一个有趣的案例：为什么纽约的雨天打车难？

纽约的计程车司机们每天预先设定了目标收入，只要当天达到目标就立刻收工。每到下雨的日子，人们通常比晴天更急需计程车，所以司机可在短时间内达成目标，比平时更早地收工回家。于是这就造成了雨天的纽约总是出现"打车难"的情况。应用经济学的观点，司机的合理选择应该是在容易赚钱的"雨天"工作得更久，赢得更多的收入，但他们的实际行为却与之相反。该如何解释这种现象呢？司机赚不到当天的业绩目标就意味着亏损，所以为了规避损失，他们愿意长时间地工作，结果却往往赚不了多少；另一方面，明明雨天工作得越久则赚得越多，他们却认为达到业绩目标已然足矣，不愿采取积极的态度继续工作，由此形成巨大的机会损失。

类似纽约计程车司机的行为在门店零售产品的过程中也并不罕见。零售产品的损失主要有两大类：一是因为滞销出现的成本损失；另一个是"本来可以售出的产品，却因为备货不足而错过销售机会"的机会损失。换而言之，机会损失即是指某个产品备货充分时能够售出得到的最大利益。

对许多人而言，因亏损而产生的失望，大过因获利而得到的满足。而且成本损失看得见摸得着，可以马上计算出具体的数值。与此相反，商家无法直观地感受到等同于最大可能收益的机会损失。因此，他们倾向于关注成本损失，并运用消极的采购方式减少成本损失。

但是，如果店铺陈列的产品数量不足，宣传的力度也会应声下降，那么这些产品将难以吸引顾客，得到他们的认可。以饭团为例，顾客要是看到货架上零零散散地摆放着两三个饭团，可能会觉得这是"卖剩下的""多出来的"，从而失去购买的意愿。结果，为了规避成本损失而采取的消极采购方式反而招致"成本损失"。在这种恶性循环下，商家极易陷入需求和供给同时减少的均衡模式。

7-Eleven为了杜绝类似的恶性循环，采用了单品管理的方法。

如前文所述，7-Eleven便利店有一项被称为"分担订货"的工作。除了店长，连临时工和勤工俭学的学生也有采购产品的权限。有时他们需要管理的产品总数多达2800多个，所以单品管理的方法还能有效地激发员工的挑战精神。

人们对于关乎自身利益的决定总是持有保守的态度，所以店长在为自己的便利店订货时也常受到保守心理的影响，倾向于规避成本损失的做法。与此相反，当临时工与勤工俭学的学生被委以重任时却会受到激励，严谨地建立假设，果断地采购，并尽心尽力地售卖自己所采购的产品。

其实他们在某种意义上也等同于"外行"，所以能通过"外行的视角"，以寻常心思考判断。从这一点上来看，临时打工者反而更能把握顾客的心理，所以负责店铺经营指导的OFC也乐于激发他们的挑战意愿并给予支持和指导。

像这样，通过建立假设-积极订货-事后验证的单品管理方法，可以让机会损失，即可能获得的最大收益化作具体的销售数字。此时比起成本损失，机会损失更能引起卖家的关注，进而让卖方产生积极采购、减少机会损失的动力。商家或是在门店内大面积地陈列产品，或是在待客与服务上精益求精，以此向顾客传达到他们对产品的自信，让顾客直觉："买了这个绝对没错"。

当卖方脱离了规避损失的心理，以挑战精神积极对待经营时，买方也会随之脱离规避损失的心理，触发购买意愿，积极地选购产品。达成这一良性循环的7-Eleven最终在全店的日平均营业额上表现出了优秀的成绩。

◎ 顾客的购买对象是产品价值

产品的定价也与消费者心理密切相关。

7-Eleven便利店经常举办"100日元饭团"的促销活动。在活动期间，所有未满160日元的饭团与手卷寿司全都降价至100日元（160日元以上的产品全部降为150日元）。因为饭团的基准价格各不相同，比如鲑鱼子饭团标价150日元，红鲑鱼饭团和辣味明太子饭团标价136日元，纪州南高梅饭团标价110日元，日高海带饭团标价105日元。所以举行100日元饭团的促销活动时，折扣率也高低有别。其中，本来定价就是100日元的咸味饭团根本没有任何折扣。即使如此，饭团类产品的整体销售量却在促销期间节节攀升，屡创新高。

虽然"全品八折"与"全品100日元"两种促销方式，前者可能让顾客得到更大的实质利益，然而在实际应用中，对于饭团类的低价产品，金额表示法远比打折促销更加直观和有效。可见顾客对产品定价的反应也总是不可思议地违背了经济合理性。

关于这一点，我经常会拿羽绒被与牛肉的案例打比方。伊藤洋华堂售卖羽绒被时，在价格上出现了有趣的现象。一开始，当超市供应定价18000日元和38000日元的羽绒被时，前者的销路更好，38000日元的高级羽绒被几乎无人问津。但是，当超市随后推出标价58000日元的特级羽绒被后，销售情况却发生了逆转，38000日元羽绒被的销量一跃排在了第一位，羽绒被整体的营业额也有了大幅的提升。

这是为什么呢？一开始只有两种被子的时候，顾客难以察觉38000日元羽绒被的价值，相比品质更关注价格便宜、质量看似也凑合的低价产品。但如果出现了更高价的羽绒被，顾客就会开始比较三者的品质：58000日元的羽绒被品质确实上乘，可日常生活没必要使用这么奢侈的被子；再看38000日元的羽绒被，虽然品质比不上前者，却明显优于18000日元的那款产品，况且价格也比58000日元的更合适。这时，顾客转而倾向于选择虽不是最便宜，但在品质与价格两方面都能接受的产品。

在顾客根据"高品质"和"便利性"的两个坐标轴挑选产品时，如果起初像羽绒被一样只有两种价格的话，顾客很难察觉到高价产品的"高品质"，反而更重视价格上的"便利性"。不过要是出现了一款更高价的产品，让顾客面对三个选项时，他们就能通过比较切身感受到38000日元羽绒被的品质，并且在"高品质"中发现价格上的"便利性"。

牛肉的零售也是如此，目前的畅销牛肉是每百克700日元的品种。假如商家唯独供应这一种牛肉，顾客肯定觉得700日元的售价有些贵，难以吸引他们购买。但如果分别向顾客提供每百克标价500日元、700日元和1000日元的牛肉，顾客就会开始进行比较：虽然500日元的牛肉价格低廉，但700日元的看上去品质更好，而且比1000日元的更划算，最终倾向于购买每百克700日元的牛肉。

如果牛肉唯有一个700日元的选择，顾客既不会觉得"品质高"，也不会认为"价格低"。但要是同时搭配了一个更高价产品和一个更低价产品，就能让顾客发现700日元牛肉的闪光点。同样的羽绒被和同样的牛肉，当备货与价格发生变化时，顾客眼中的产品价值也随之改变，使得前后的销售量判然不同——这就是来自消费心理学的力量。

虽然看似矛盾，但贯穿始终的依然是选择的合理性。

正如我反复强调的一样，**顾客的购买对象是产品的价值。虽然低廉的价格也是一种价值，但顾客并不只关注低**

价，他们迫切想要知道的是这一产品是否具有购买价值等令人信服的理由，其最终目的在于合理化自身的消费行为。

在只有38000日元和18000日元的羽绒被中选择后者的人，当发现了58000日元的选项时，又会改选38000日元的羽绒被。虽然这两种选择看似互相矛盾，但在买方心中都找到了令自己信服的理由，所以两者实际并不矛盾。因此，把几种同类产品排列在一起售卖的关键是，必须采取能让顾客比较价值、使消费行为合理化的定价方式。

◎ "爆发点"是成功的关键

7-Eleven便利店每天都会建立假设分析第二天的销售情况，然后积极地采购，大胆选择门店的显眼位置陈列产品，以"推荐精品"的自信向顾客宣传，最后把这份自信传达给顾客，让他们不由自主地出手购买。这一过程实际上应用了心理学的"爆发点"理论。

正如水温上升至100℃就沸腾了一样，当某种行为累积到一定程度时，也会突然出现从量变到质变的"爆发点"。这个道理同样适用于消费者心理。如果通过某种方式把消费者的认知程度提高到了一定水平，"爆发点"也将体现在他们的消费行为上。

陈列产品时，当一种单品的数量达到了某个临界点，则将一下子拔高顾客的认知度，刺激消费心理，让他们的消费意愿达到顶峰，最终出手购买。比如伊藤洋华堂超市零售苹果时，比起只使用一排长1.8米的货架陈列，大胆使用两至三排同类货架的效果更为显著。

相反，一开始大面积陈列的煎鱼本来每天可以轻轻松松地卖出500份，但商家却觉得对于这种畅销商品，即使稍稍减少陈列空间也不至于造成太大影响，不曾想却使得煎鱼的销量一落千丈，每天连100份都难以保证了。

关于爆发点理论的一个经典例子就是Seven银行的ATM。Seven银行自2001年开业后，经营财报连续两年都出现了赤字。因为金融业界早早地断言"外行即使开了银行也注定失败""经营不可能顺利"。所以这一情况不免让银行项目团队的成员们忧心忡忡。不过，我在观察ATM的运营数据时发现，顾客实际的利用次数正在一点一滴地稳步提升，朝着良好的方向前进。

我们设置ATM时并没有顾虑盈亏问题，而是选择全面铺开至所有门店，并尽可能增加合作金融机构的数量，希望给顾客带来更便捷的体验。在彻底贯彻这一战略的过程中，大众对Seven银行的认知度不断提高，到了开业的第三年，每台ATM的日均使用次数呈现井喷式增长，实现了收支平衡（当时每天每台的利用频次约为70人次）。最终，Seven银行顺利完成了金融厅规定的"三年内盈利"的目标，成为了网络银行等同期新开银行中的一枝独秀。

虽然我们可以选择和银行合作，以成立共同运营公司的方式，获得在便利店内安装ATM的资格。但是我们却放弃了这一轻松的方式，反而知难而进，凭借一己之力创办了Seven银行。因为这样做可以由我们自主控制ATM的安装数量，酝酿从量变到质变的爆发点。

爆发点的原理也经常被运用于出版业界。出版社对于普通的单行本，一般计划首印几千册左右；而对于极有卖点的书籍，出版社则会制定多达10000本以上的首印量，借此提高出版物在各大书店的曝光率，然后再与媒体进行合作，进一步扩大宣传力度或制造社会热门话题，达成触发爆发点的最终目的。

比如在第一章提到的幻冬舍社长见城彻也自有一套不放过任何机会的方法。他每天早晨都要调出POS数据调查出版物的销售情况。如果发现某本书的销量突然在北海道地区启动增长，那么两天后，北海道的报纸就会集中出现关于这本书的宣传广告，同时出版社也将配合加急增印，确保五天后北海道的各大书店都有充足的备货。此外，幻冬舍还会发动媒体的力量，例如联系当地广播局在专栏中推荐该书，进一步增加曝光率和信息量，期冀短时间内迅速提高大众的认知度，触发爆发点，让这本书的影响力由北海道辐射全国。

为了不放过这样的机会，实行正中红心的战略，幻冬舍特意不与著名的印刷公司和广告代理商合作，而是选择将自己公司作为重要客户对待的中小型企业，确保他们可以随机应变地处理各种机动问题。这种在规划企业战略时，提前为自己营造良好作战环境的手法，非常符合见城彻的性格。

当然，在店铺陈列大量产品，是挑战的同时也伴有风险。但是如果因为惧怕风险而采取消极的应对措施，那么将永远无法迎来爆发点。切记，爆发点就在风险之后。

7-Eleven便利店还有未进驻区域的原因

便利店的开店方式也同样存在爆发点现象。2013年3月，在7-Eleven首次进驻香川县和德岛县之前，四国地区连一间门店都找不到。因为7-Eleven便利店和伊藤洋华堂相同，自创业以来始终贯彻密集型选址战略，每个门店都紧邻商圈呈网状铺开。

尤其是7-Eleven，当它的门店总数在日本达到15831间（截至2013年8月末），成为世界上规模最大的连锁店时，仍未进驻的地区还有爱媛（预计2014年开店[①]）、高知（预计2016年开店）以及青森、鸟取、冲绳（开店时间未定）五县。这和同行其他公司优先提高全国覆盖率的做法形成了鲜明的对比。

一定区域内密集出店的优势在于能提高物流系统、广告、OFC等各方面的综合效率。在便当、饭团等产品的生产制造面，也有助于共同参与产品研发的供应商邻近开店区域建设专用工厂，生产专注于品质的独创产品，并确保产品在运送过程中的新鲜度。如前所述，7-Eleven专用工厂的占有率高达98%，和其他连锁便利店相比具有压倒性的优势。

另一方面，密集型选址战略对消费者心理也有不小的影响，是引发爆发点的方法之一。

7-Eleven在某个区域开设了第一家门店后，来自初次进店的顾客的口碑与评价将口口相传，迅速扩散。此时如果趁热打铁地在第一家门店附近应用密集开店的战略，就能快速提高区域整体对7-Eleven的认知程度，拉近顾客心理上和便利店之间的距离，引导他们经常光顾便利店。所以，虽然7-Eleven在新的地区建立门店时，平均单店日营业额的增速比较缓慢，但是随着开店数量的累加，门店密度达到一定程度后，

---

① 7-Eleven已于2014年3月1日进驻爱媛县。

顾客的认知度和心理上的亲近感都将直线上升，最终由量变引起质变，带领业绩曲线强势攀升。

1995年，7-Eleven便利店入驻大阪府之初，也曾为疲软的业绩苦恼不已，但当门店总数超过300家后，进店的顾客开始呈现井喷式增长，日均营业额也成功上升至关西地区便利店行业的首位。

可见，零售业不一定遵循"先下手者为强"的道理。如果"后来者"的水准更高，服务和产品品质更到位，依然会得到顾客的支持。实际上7-Eleven在仙台地区是所有便利店连锁品牌中最后入驻的，可却后发制人地凭借密集型选址战略占据了最大的市场份额。

7-Eleven便利店遥遥领先于同行竞争者的日均营业额与诸多因素息息相关，而支撑一切因素的根基可以概括为"密集型选址战略"。自创业以来，我们对这一战略的贯彻起到了关键性的作用。

◎ "铅笔型"消费时代需消除"机会损失"

如果某个产品的销量突然开始启动增长，则应大力把该产品投向市场，加大宣传力度，积极取得爆发点——幻冬舍的见城社长所实行的战略，值得所有"向消费者销售产品或服务"的行业借鉴。因为在当今时代，产品的生命周期已经演变成了"铅笔型"。

我刚转入流通行业时，行业正处于卖方市场高速成长的巅峰时期。当时的产品生命周期主要分为三个阶段：产品刚被投入市场，消费者慢慢聚拢，销售速度缓慢地增长；产品的人气与销量攀至顶峰，并且继续维持一段时间；产品销量逐渐下降，直至被市场淘汰。

这一类型也被称作"富士山型"的产品生命周期。因为"富士山型"产品生命周期较长，所以超市可以采用模仿战略，参照百货商场的销售情况推出当时的畅销产品，如此即使是在时机上落后一步也同样能取得优秀的业绩。所以这种战略非常轻松，只需时刻观察百货商场的产品销量就万事大吉了。

此后，时代逐渐走向买方市场。1990年后的产品生命周期变为"茶叶罐型"，即指产品被投入市场后，人气与销量立即达到峰值，过了一段时间则又一下子跌入谷底，被市场淘汰。

到了最近，产品生命周期又变换成了峰值持续得更短暂的"铅笔型"。随着周期的不断缩短，市场上热销产品更新换代的速度也相应加快了。此时若再使用模仿战略必然导致商家错失产品需求攀升至顶峰的良机，反而在峰值过后大举采购，结果面临滞销问题。所以对商家而言，如何消除错失良机的机会损失和因滞销带来的成本损失无疑是当今时代的一大课题。

在便利店行业，"铅笔型"产品生命周期的表现尤其明显。由于便利店总是频繁地更新货架上的产品种类，所以经常有媒体把我们视为缩短产品生命周期的"罪魁祸首"。但是，如果便利店掌有产品生命周期的决定权，就能永远推出畅销产品，这显然与事实相悖。

其实，便利店之所以频繁地更新产品，目的正是为了迎合消费者向"铅笔型"转变的需求。因此我们及时从货架上剔除销量下滑至谷底的产品，大力投入新的畅销产品；若非如此，经营本身难以得到长久的延续。

纵观整个市场，受到顾客喜爱的店铺都在绞尽脑汁地应对"铅笔型"产品生命周期。例如广受20至30岁女性欢迎的Francfranc正是如此。运营该品牌的BALS公司高岛郁夫社长告诉我说：

> 看到产品销路良好就立刻追加进货的话，等到货品入库时顾客的目光可能已经被其他产品所吸引，所以这种方式常常会让大量货品滞销。为了避免这一点，我一直用心辨别产品生命的顶峰时期，并尽力在这一时期内解决所有库存。另外，根据产品的不同情况，我们如果一开始决定售卖5000份就决不会追加采购。因为顾客总是追求新鲜有趣的事物，所以作为商家必须琢磨与之匹配的应对措施。

Francfranc的顾客有八成是回头客，并且许多客人每月都来光顾店铺，如果店铺提供的产品一成不变，那么势必会让顾客心生厌倦。所以Francfranc坚持每两周更新一次备货或改变卖场布局，以此应对"铅笔型"的消费现状。

为何产品的生命周期渐渐缩短，从原来的"富士山型"到"茶叶罐型"，又变成了现在的"铅笔型"呢？早稻田大学商学院的内田和成教授解释道："这是因为随着信息传播速度的加快，消费者的信息获取能力也越来越高的缘故。"

过去，通常是少数紧跟潮流的先驱者首先被新产品吸引，然后再由他们把相关信息逐步传递给占据市场大部分份额的普通消费者，所以新上市的产品需要一定积累才能抵达销量的顶峰，而这也为商家留出了充裕的准备时间。但反观现在，信息的传播发生于瞬息之间，没有任何时滞，所以原先以时间为基础的市场战略不再发挥作用。

面对这一现状，假设和验证工作就变得非常重要。以"满足消费者潜在需求"的假设为基础研发新产品，然后大力投入市场；对于那些销售曲线出现上扬征兆的产品则趁热打铁地加大宣传力度，同时不忘剔除产品生命周期已经终结的滞销品。运用这一针对"铅笔型"消费市场的战略，可以尽可能地降低机会损失与成本损失。

其中，"机会损失"是重中之重。机会损失越小，顾客就能在需要的时候，从便利店购买到数量恰好的产品，而商家也能提高销量，达到双赢的完美状态。

◎ 拉近顾客距离的"待客之道"

在本章，我想谈一谈"待客之道"对顾客心理的影响。

"积极拉近顾客距离的理念变得比过去任何时刻都重要。"在近几年新年伊始的开工致辞中，我屡次向全集团员工如此强调。2013年1月，受到"安倍经济学[①]"一系列刺激性政策的影响，市场出现了股价上升与日元汇率贬值的趋势，日本经济开始呈现出良好的预兆。在当年年初的新年贺词中，我向全体员工指出，"待客"与"新产品开发"是本年度最为重要的两大课题。

安倍经济学的一系列刺激性政策首先改善了市场氛围，人们愈发期待走出当前通货紧缩的局面。但是，作为市场恢复、经济增长的目标和结果，尚需一定时日才能实现多数人

[①] Abenomics，指日本第96任首相安倍晋三2012年底上台后加速实施的一系列刺激经济政策。

的收入增长，真正做到重振消费市场。所以面对乐观的经济前景，商家不可有丝毫懈怠，束手等待消费市场的复苏。

因此，7-Eleven在致力于研发新产品、向市场提供"高品质"价值的同时，更加注重待客之道，向顾客传递产品和服务的价值，以此"积极拉近与顾客间的距离"。

待客的首要任务是"夯实基础"。正如7-Eleven四项基本原则之一的"亲切服务"一样，我们把提供热情周到的服务视作基础中的基础。而对迈入7-Eleven店内的顾客而言，这四项原则中最让他们印象深刻的想必也是店员们严格执行的寒暄问候语。

7-Eleven便利店有"六大待客用语"：看到顾客进店说"欢迎光临"，对于顾客的要求说"好的，知道了"，要麻烦顾客等候时说"请稍作等待"，万一产品断货或满足不了顾客的需求时说"真的万分抱歉"，顾客购物完毕后说"谢谢惠顾""欢迎再次光临"。7-Eleven极为重视上述这些基本问候语，严格要求员工认真贯彻于实践之中。

此外，在所有顾客中，每周光顾7-Eleven便利店的频次大于四次的顾客约占30%，每周来店三四次的顾客也占有29%的比例，并且大多数客人都是一个人单独进店。如果面对这些常客还是刻板地重复"六大待客用语"，必然会让人觉得服务太过"机械化"，或者店员总是在"照本宣科"。因此，对于经常在店内露面的常客，店员会分时段地说"早上好""晚安"等，如果碰巧顾客是在上班途中就对他说"请走好"，回家途中则说"您辛苦了"，这些问候帮助店员进一步拉近了与顾客间的距离，增进了两者之间的亲近感。

为了提高各店铺的待客能力，由7-Eleven总部主办、面向加盟店店长和店员的"待客服务培训课程"正式在两年前启动。培训课程每次约为六个半小时左右，完成课时目标的职员可获得佩戴金色名牌的资格。

在这门培训课程中，我们着力教授了鞠躬的标准姿势，旨在展现"看得见的待客之道"。当顾客进入店门时，店员应该一边问候说"欢迎光临"，一边交叠双手置于肚脐位置，上身倾斜约30度鞠躬并停顿3秒时间。

某个加盟店的店长在培训结束后，察觉到先前为了减少客人的等待时间，过于注重速度和效率，导致待客的诚意略有不足。因此，他把标准的鞠躬姿势细致地教授予店员，并要求严格执行。此后，原本怎么也降不下来的客户投诉件数转眼间就减少了。这一例子也有力证明了"积极拉近顾客距离"的意识是多么重要。

别让你的顾客犹豫不决

在贯彻了问候与鞠躬等基本的待客服务后，下一阶段的重点是积极向顾客传达产品与服务的价值。为了回应顾客"想要确认"的心理，我们把"与顾客沟通"作为了最重要的任务。

消费市场进入饱和时代后，人们经常说现代消费者在购买东西时总是犹豫不决，不知道该选择什么。但是我却认为这不过是卖方的片面之词，与其说顾客在"犹豫"，倒不如说他们是想确认"这个产品真的好吃吗""价格这么贵有购买意义吗""价格这么便宜品质没问题吧"。

过去物质匮乏的卖方市场时代，商家无论推出什么商品，都有顾客掏钱购买。但是，现在的顾客只有当自己的需求没有真正得到满足时，才会发生购买行为。因此，顾客想要确认商家是否理解自己所追求的产品价值、产品是否真的能满足自己的需求，换言之，就是想要确定有没有让自己信服的选购理由。

总而言之，在今天的消费市场，商家和顾客的关系不再是单方面的，现代消费者需要确认双方是否能共享产品信息与价值观。

对于拥有"想要确认"心理的顾客，商家首先必须提供能让顾客形成这一心理的产品或服务。为此，正如我在第一章介绍的那样，卖方应该抛弃"捕捉第二条泥鳅"的思路，打破前定和谐，创造新的价值。其中的关键是在"便利性"与"高品质"的两个坐标轴中权衡利弊关系，挖掘市场的空白地带。

其次，为了在销售第一线准确向顾客传达产品的新价值，我们必须重新审视"运用待客之道，积极拉近顾客距离的重要性"。

关于待客，在第一章登场的市场策划专家辰巳渚把为顾客提供具有信服性的选择形容为"临门一脚"。过去流行的美国式经营法是尽可能地向顾客展示商品种类的多样性，让他们自主挑选中意的东西。日本以自助服务为卖点的超市急速成长并获得成功的时代，正是采用了这样的经营方式。

但是，在物质过剩的买方市场，说不出想要什么，却依然有消费欲望的日本消费者已经疲于应对选择。

因此，为了给顾客提供令人信服的选购理由和彼此间共有的价值观并完成最后的"临门一脚"，待客之道变得比过去任何时刻都更加重要。

与顾客的对话交流是待客的关键

那么，具体应该怎样去践行待客之道呢？

例如对于饮食类产品，如果想让顾客判断这一产品是否具有购买价值，最直接的办法就是推荐顾客试吃。

7-Eleven连锁店中一些注重待客之道的门店，每次在上架新产品时，都会积极地推出试吃或试饮活动。但有些店铺方却认为"便利店组织试吃比较困难"，这其实只是商家的片面想法，对顾客而言，当好奇新产品的口味时，自然希望商家提供试吃服务。

不过，要是店员死板地听从上级指示，把样品放在盘子后"守株待兔"地等待顾客自行发现试吃的话，依然传递不了任何信息。既然卖方采取了这一方法，就必须积极地推荐，想办法让更多顾客通过自己的舌头确认食品的味道，帮助他们准确地理解产品的购买价值。只有在一两百人参与试吃后，才能凸显这一活动的真正效果。

店员推荐顾客试吃时，如果客人评价"这个真好吃"，则应该回应"是吧，这个产品有这样那样的特点"。如此一来，商家就能和顾客共有价值观，触发顾客的购买行为。可见，根据试吃的方法不同，结果也有巨大差异。

"待客之道"是卖方和顾客之间的一种沟通模式。沟通的基本模式共有四种，分别是通过双向交流共享价值与信息的"对话"模式，发送者只顾自己传递信息的"单向沟通"模式，发送者和接受者都情绪激动从而导致无法传递任何关键信息的"侃大山"模式，发送者自以为传递了信息但接受者没有吸收到任何重点的"自言自语"模式。所以同样是试吃，商家和顾客间的沟通模式不同，所带来的效果也有云泥之别。

在沟通中挖掘新的需求

待客是双向的沟通，通过识别顾客，"站在顾客的立场上"考虑他们的需求，可能会寻找出对方都没意识到的潜在需求与困惑。

以便利店为例，冬天的时候，当店员发现顾客的视线落在关东煮时，就主动询问"要不要买一串，吃了会很暖和的"或"这个很好吃哦"；如果老年人购买了本应搭配叉子的意大利面类食品时，主动问一声"用筷子是否更顺手些"并递上一次性筷子；即使目测客人购买的东西能收入一个购物袋，但如果重量比较重时，则根据顾客的情况建议"用两个袋子放吧"，并替顾客装袋；记住熟客常买的香烟品牌，等顾客再次购买时直接递给他对应的香烟，并微笑着说"是××牌没错吧"，这样也会令顾客感到欣喜，觉得"没想到这家店的员工还能记住我常抽的香烟，真省心呀"。

每家7-Eleven便利店都置有一台多功能复印机，除了复印和传真的基础功能外，还能通过它订购演唱会和电影票。如果顾客咨询"我想购买电影票，但不知道操作方法"时，我们的店员就会和他一起看着触摸屏，在"想要看什么电影"的简短交谈间协助顾客购买电影票。而当这名顾客再次来店时，原来的店员则可以问候他："上次的电影去看了吗，剧情怎么样？"如此又能得到与顾客对话的机会。

最近，街道上的书店数量锐减，所以便利店又扮演起了"附近书店"的角色。万一顾客来店内购买的《文艺春秋》等面向中高年龄层的杂志正好断货了，店员就会深入一步询问："如果有需要的话，要不要每月都为您留一本？"

便利店的杂志架大多陈列着面向年轻人的杂志类型。如果针对腿脚不便、不愿去遥远书店购书的老年人推出预留杂志的服务，无疑可以挖掘出顾客的新需求，以此为契机让这一年龄层的顾客发现7-Eleven的价值，从而成为我们的新客户，并且来自他们的口碑与评价也会在同一年龄层间迅速传播开来。

"真是万分抱歉，这本杂志卖完了。"虽说这一回答也符合员工手册的标准答案，但是手册式的回应让一切在当场戛然而止，无法激起任何浪花。然而，真正的"待客"需要深入一步地考虑如何联系到今后的产品与服务。

例如，某天有好几个小学生的来店时间比平常更早，如果店员询问"咦？今天怎么这么早，学校提前放学了吗"的话，对方可能回答说由于某个活动，今天和明天都放假了。如此一来，店员就掌握了"明天也会像今天一样，有许多小学生来店"的信息。可见通过与客人之间的沟通，还能有助于卖方获取未来的信息。

"待客之道"的基础在于"沟通"。谈话越是深入，越是能从对方的话语中读取重要的信息。这才是"对话"层面的待客之道。

代表"他人的眼光"，接待试穿衣服的顾客

当贩卖的产品是服装时，又该如何接待试穿衣服的客人呢？如果店员以单向沟通的模式，巧舌如簧地介绍这件衣服有什么特点、表现了怎样的时尚感等，只会让顾客不胜其烦，失去购物的兴致。

因此，商家需要掌握"交流对话"能力，把自己的感受传递给对方，引起对方的共鸣。这其中的关键点在于"站在顾客的立场"，洞察顾客试穿衣服时的心理。人之所以打扮自己，主要源于两个相互之间有些矛盾的理由：一是想要"与众不同"的心理需求；一是在意"他人的眼光"，渴望得到别人的认同。

由于顾客一般都会挑选心仪的衣服试穿，所以待客的一方应该代表"他人的眼光"，适时地夸赞，例如："您身上有这样那样的特点，而这件衣服在这点上极具潮流感，非常适合您的气质。"即使顾客心里明白这是店员的奉承话，也会在产生共鸣的地方报以回应，逐渐形成购买的想法。

当顾客面对多个选择犹豫不决时，店员则可以提出建议，例如："虽然这几件衣服都是当季的新款，时尚感十足，但这件出于这样那样的理由显得更适合您呢。"如此一来，顾客会觉得自己得到了理解，从而触发购买行为。另外，如果顾客在购买后获得了周围人的肯定评价，自然就能培养出他们对店铺的忠诚度。

其实试穿行为也伴有"规避损失"的心理。顾客在试穿衣服后，可能会为到底要不要购买而犹豫不决。但如果把试穿行为作为基准考虑，其实两手空空地回家会让他们形成巨大的落空感。这时，作为待客的一方，商家应该积极地建立与顾客间的共情关系，传达值得购买的价值，实现购买前的"临门一脚"。

待客之道需要超越员工手册和基础知识的"对话"与沟通能力。人类是会思考的动物，也是受心理驱使的动物，当自己的想法得到理解时，任何人都会觉得无比喜悦。所以，"洞察对方内心，把自己的想法展现给对方，引起两者间的共鸣"就是迈向成功的基本沟通能力，也是接待"想要确认"的顾客的最佳方式。

◎ 通过"精选"产品为顾客提供价值

在本章，我想谈一谈"精选"产品对顾客心理能够造成的影响。

前文提到的辰巳渚称，现代消费者已经疲于应对选择。那么为何顾客在进入置有2800多种产品的7-Eleven便利店时，却没有这样的表现呢？不要说疲于选择了，7-Eleven盘踞行业首位的日营业额，证明了我们的备货与陈列方式成功为顾客营造出了一个轻松的购物环境。之所以能做到这一点，是因为我们"取其精华，去其糟粕"，准确锁定了产品品种的缘故。

在有限的店铺空间中，我们针对便当等主力产品建立假设，精选热销产品，通过绝佳的陈列位置及醒目的宣传物吸引消费者的注意。要是本来通过层层精选，能成为热销产品的理应有十几种，可却因为重重顾虑最终只在货架上摆放了两三种产品的话，终将造成顾客流失、销量下滑。

例如放置软饮料的冷藏柜，如果一瓶接一瓶地并排摆下来的话最多可容纳150种饮料。由于纵深一排可以排列多瓶饮料，所以商家容易觉得提供的饮料种类越多，顾客选择的余地也就越广，从而有助于饮料的销量。其实，最优的方法是精选90种左右的饮料，把畅销产品连续排两三列，这样更能有效地提高整体销量。

杂志区也同样如此，在狭小的陈列空间内精选杂志种类，并为每种杂志腾出二至三列的陈列位置，才能提高整体的销量。

除了7-Eleven便利店，伊藤洋华堂超市也在着重精选了服装品牌和款式后，成功提高了销量。

精选产品帮助顾客摆脱选择的困境

如前所述，7-Eleven自2009年秋天起重新定义了便利店应有的经营姿态，即作为贴近顾客生活的商店，必须努力实现"近距离便利"。现代社会，单身人士、老年人以及全职工作的女性人数不断增加。以此为背景，"不愿特意去距离较远的超市购买生活必需品""想要就近购物"的需求也在大幅上升。为此，7-Eleven精选了食品种类，着重为顾客提供配菜产品。尤其是7-Premium系列，接连推出了小袋色拉、土豆炖牛肉、酱煮青花鱼及日式煮羊栖菜等能节约烹饪时间和步骤的产品。

那么为何精选产品可以帮助顾客摆脱选择的困境呢?

"精选"产品，换言之就是向顾客"推荐"产品，在便利店这一平台上，由卖方备齐想要推荐给买方的产品。7-Eleven精选配菜菜单的同时也是在为顾客推荐"生活解决方案"，即"可以不用去超市，在附近的便利店购买烹饪食材"。因此，在顾客看来，如果商家对产品的精选和整理思路越明确，他们就能越轻松地捕捉到其中的价值。

物质匮乏的年代，卖方只需在店内备齐货物，等待顾客自行从中挑出所需的产品。但是，在物质过剩、消费饱和的时代，卖方必须配合顾客的需求，取其精华，去其糟粕，为顾客提供具有推荐价值的产品。

以精选动物而成功逆袭的旭山动物园

在前两章中，我介绍了旭山动物园克服破产危机、实现奇迹般改革的历程。旭山动物园在改革的过程中，其实也用心精选了动物的种类。以下是来自前任动物园园长小菅正夫的叙述。

自第二次世界大战前起，评判一家动物园是否优秀的标准，就是看动物种类的丰富度与多样性水平。于是，1967年开园、资历较浅的旭山动物园也遵循了旧时的模式，过去曾一度拥有160种、800多只动物。但是，当动物园濒临破产危机时，园内员工重新审视了自身应有的经营姿态，最终把"传递生命力"作为新的经营理念，开始着手于改革。按照旧时只是单纯地把动物装进笼子里的形式，无论饲养多少种动物，都难以向顾客展示它们彼此间的差异性。因此，旭山动物园决定精选动物种类，减少动物数量，把原来的动物姿态展示法变革为行动展示法，让顾客能更清晰地观察到群居与独居动物间的不同之处。

小菅的一席话不禁让我感叹：零售业与动物园虽然是两个毫无关联的世界，但在面对顾客时，却又拥有如此多的共同点。

想要做到精选产品，给顾客提供明确的价值观念以及建立可满足顾客需求的假设的话，**卖方不能仅仅是单纯地售卖产品，而是应该思考如何以产品为媒介向顾客传递信息，让他们产生共鸣。**如果顾客感受到了卖方的这番努力，自然能迅速找到选购产品的理由。

在此我又要强调，当我们提供产品时，必须"站在顾客的立场上"思考，一定要确认是否能让顾客迅速找到选购的理由。只有那些既没有明确的经营理念、也无法建立假设的商家，才会片面地认为"提供的产品种类越多，顾客就越容易满足"。

◎ 大胆拥抱网络零售渠道

本章的最后，我想重点介绍在当今的网络时代，商家应该如何待客。

伊藤洋华堂这类大型综合超市（General Merchandise Store，简称GMS），过去以适中的价格提供了食品、服装、家电等可谓应有尽有的产品，顾客也从中感受到了超市的价值。而随着专卖店与量贩式经营商店的逐一登场，综合超市行业的各家公司先后宣告破产，还在维持经营的两家龙头企业EOM与伊藤洋华堂也在为停滞不前的业绩苦恼不已。

让我们再来看看同样提供了丰富产品种类的百货商场。1991年，百货商场的营业额达到顶峰，约为9.7万亿日元，而到了2012年则缩水至巅峰时期的63%，为6.1万亿日元。目前几乎所有百货商场都由同样的商家陈列着同样的品牌，沦为了单纯的场地租赁处，因而导致各家门店的差异性逐渐弱化，过去的价值也消失殆尽。

另一方面，网络零售却在这10年间表现出了强势的劲头，仅是最近5年，网络零售市场（B2C，Business-to-Customer）规模就由2008年的6.1万亿日元跃升至2012年的9.5万亿日元，销售额已经超越了百货商场。

确切地说，在当今时代，"控制了网络经营等同于控制了实体经营"。观察网络与实体店两方面的动态已经是商家们不得不直面的课题。

如果商家在网络上发布了一些挖掘出新需求的产品，即使是穿在身上的服装类产品，有些消费者也会毫不犹豫地直接从网络购买；另一方面，有些消费者在网上找到了需要的产品信息后，则会前往实体店，先亲眼确认产品的实际情况再作购买。

在拥有实体店的流通行业，商家愈加倾向于运用网络造势，设法促进实体店铺的营业额，增加来店顾客数。这种把顾客从线上引导至线下的方法被业界称为O2O（Online-to-Offline）。这和顾客在实体店看到产品后，上网搜索最低价购买的"展厅现象（Show Rooming）"是截然相反的行为。

融合网络和实体店铺的方法除上述以外还有许多。比如开发了尚不为人们所熟悉的优秀产品后，先在网上进行试售，了解哪种产品的需求更大后再正式投入实体店铺。

因为顾客随时随地都能网购产品，所以他们在网络上对产品的反响也比实体店铺更快。如果卖方及时洞察到网上的热销产品，则可以在实体店铺进一步拓展经营的可能性。

另外，卖方还可以由网络用户发表的"热议话题"等新型数据入手，在实体店销售更具新意的产品种类。

人们总是倾向于认为，当社会网络化后，随着网络销售规模的扩大，顾客逐渐从实体店流向虚拟店铺，最终必定导致实体店铺的营业额锐减。但是，现实情况并不一定完全如此。运用网络充实与发展战略性市场，然后把对应的成果扩展至实体店铺的思维方式变得越来越重要。

零售业和制造商通过网络与实体的融合，利用所有的销售渠道，将消费者在各种不同渠道的购物体验无缝连接的"全渠道零售"（Omni-Channel Retailing），已经成为了当今市场发展的必然趋势。

我们的目标是打造融合了现实实体店与虚拟网络的新型零售业。要达到这一点，商家首先必须建立网络和实体两方面的销售渠道。这时，连接顾客、卖方、社交媒体方等各种主体的平台无疑将由网络来实现。正因如此，我才会一直强调："控制了网络经营，即等同于控制了实体经营。"

AKB48与惠方卷的共同点

其实各行各业都能看到网络与现实的融合案例，比如我并不熟悉的娱乐界也是如此。在过去对话秋元康，询问他对网络营销的看法时，他告诉我国民偶像AKB48团体正是通过"现实与网络的相辅相成"才获得了如今在娱乐界不可动摇的地位。

AKB48出道后别出心裁地选择在秋叶原剧场举行各种演出。过去，明星的相关新闻需要一定时间才会得到广泛传播。而现如今，只需轻轻点击鼠标，一眨眼的工夫，任何话题都能在网络上迅速蔓延开来。同时，网络上的热议又将反向作用于在实体剧场观看表演的观众，这种网络与现实的来回互动，加速了AKB48相关信息的传播。所以AKB48正是从网络与现实的融合中蹿红的偶像团体。

AKB48由秋原康担任总制作人，她们所出演的节目，不仅经由无线电视播出，还能通过网络的视频在线播放服务收看。在此值得一提的是，7&i控股集团的网络零售渠道——Seven网络购物的Web网站上也设有"AKB48官方旗舰店"，目前拥有非常高的点击率。

类比秋元康利用网络造势的手段，拥有实体和网络两种渠道的7&i集团也有一个经典的例子，即是惠方卷的全国性普及。惠方卷是一种特制的粗卷寿司，据说在立春前一天，朝着当年吉利的方位，闭上眼睛，一言不发地整条吃掉它的话，就会拥有一整年的好运与福气。这原本是日本关西地区特有的民俗习惯，关东等其他区域的人并不了解，但是到了今天，惠方卷已经风靡全国，成为了各地居民在春分前一日的必备寿司。

　　1989年，广岛县某家7-Eleven的OFC听闻了惠方卷的风俗后，提议在部分门店进行试售。第二年，惠方卷的销售区域逐渐扩大，1995年扩展至关西以西的地区，而到了1998年之后，惠方卷登上了全国所有7-Eleven便利店的货架，由各门店的店员向顾客传达特别的"祈福习俗"。实际上，7-Eleven向全国宣传惠方卷的动力正来自于网络。

　　秋元康分析说："觉得惠方卷的吃法很有趣的人可通过网络把感想实时分享给全国网民。网络的这种力量，必定将在未来达成更多更有趣的事。如果专注于对网络的应用，无疑能诞生出前所未有的新创意。"

　　通过网络与全国实体连锁便利店的融合，小范围区域的饮食文化在短时间内成为了全国盛行的活动。我与秋元康都对这一过程充满兴趣。网络与现实的相辅相成让消费者对产品的关注度一下子到达了爆发点。不论是原为关西民俗的惠方卷，还是在秋叶原的小型剧场拓展演艺事业的AKB48，两者都完美展现了来自网络的力量。

何为网络时代的新型购物模式？

面对网络时代的到来与全渠道零售的普遍化，今后的消费者将表现出怎样的消费行为呢？

世界虽然在变化，但消费本身并未发生改变，只不过是出现了一种新的购物选项罢了。

在第一章中出场的一桥大学研究院教授楠木建介绍了这样一个故事：楠木100岁的祖母每天都热衷于外出购物，但在实体店购物时，因为自己的力气有限，所以有时明明想买许多东西也不得不"量力而行"。这时，如果把网络与现实相融合，那么老年人也可以不受体力的制约，充分享受购物的乐趣。

网络甫一出现时，很多人都把虚拟的网络与现实的实体店视为两个对立面。但是由于消费者本身并没有发生任何改变，所以融合两者才是时代的大势所趋。其中，网络超市即是最好的例子。

伊藤洋华堂从2001年开始接受网络订购，主要是从既存的超市送货至个人住宅。虽然这一订购方式在逐步扩大参与门店与送货区域的过程中处于连年亏本的状态，甚至有人评论"网络超市的模式不可能盈利"，但我依然坚信消费者对网络超市拥有巨大的潜在需求，并致力于充实网络服务。这一信心正源自于我对顾客心理的揣摩。

顾客在网络订购后，由超市的当值员工为其挑选产品。如果产品没有满足顾客的期待，顾客自然不会再次选择同家店铺。因此负责人必须以身为购物专家的自信为顾客挑选值得推荐的产品。过去顾客在实体店购物时，选择产品是自己的任务。但在网络超市订购的话，则是由熟悉产品的卖场员工代为挑选并配送至家里，大幅节约了购物时间。从人的心理角度而言，必然更倾向于便利的服务。另外，如果顾客在网络超市订购后收到了超出预期的产品，则会提升他们对店铺的印象和忠诚度，形成良性循环。

这一努力渐渐出现了成效。在拓展网络超市事业的各大公司都难以取得盈利的大环境下，伊藤洋华堂的所有参与门店成功实现了盈利。网络超市通过虚拟网络与实体店的融合，创造了前所未有的崭新服务。对顾客而言，既能得到精选的产品又能节约时间；对商家而言，能更鲜明地向消费者展现实体店的长处。

从以实体店为中心到以网络为中心，现代流通业的结构正在发生根本性的改变。为了应对这一变化，商家必须逐渐把精力从现实转向网络。

这对长期在实体店工作的人来说并非易事。即便如此，我们依然不能停下前进的脚步。因为正如网络超市的诞生一样，巨大的转变往往始于日积月累的努力。

面对时代的转折点，我们必须看清前进的方向，脚踏实地地积累，不断挑战新的事业。相信正如水在加热后终将达到沸点一样，我们的努力在某一时点也必将到达爆发点，穿透种种障碍与壁垒。

网络与现实相融合的过程中，消费者也同样会采取能合理化消费、让自己信服的消费行为。作为卖方，在网络社会也必须牢记经营的原则与理念，时刻自问："面对网络与现实的两个层面，应该如何创造洞察了消费者心理的方案与创意？"

第四章

从未来角度审视过去

如果站在历史经验的延长线上思考，则容易产生惰性，以为"既然过去用这种方式获得了成功，不如未来也照搬原样吧"。另一方面，当从未来的角度回顾现在时，就会接连涌现出"我想要变成这样""应该这样做"的想法，调动出人的积极性。

◎ "不传达"等于"不存在"

艺术指导佐藤可士和的口头禅是:"不传达等于不存在。"

在此,我先简单梳理一下7-Eleven邀请到日本现今最炙手可热的艺术指导佐藤可士和负责便利店整体形象设计的经过。因为如果想要透彻分析"销售力"的话,设计能力与通过设计强化沟通力的重要性也是不容忽略的主题。

初次与佐藤见面是在2009年的秋天。当时我为《四季报》的刊首语特意邀请他接受访谈。我一直以来都坚信,对零售业而言,在创造新产品和新服务的同时,向顾客精准传达新事物价值之所在的沟通能力也非常重要。但是,观察我们集团的沟通模式可以发现,各门店的宣传缺乏统一性,止于单向模式,模糊的品牌形象让顾客难以理解7-Eleven的品牌价值。

当我谈及工作中的问题意识时，佐藤也表示完全赞同，并介绍了他协助某个时尚专卖店的客户进军海外推广品牌的案例。

佐藤的做法并不是单纯地在海外设立门店，而是以"成为时尚传播媒介，向海外传达最前沿的真实东京文化""代表日本进军海外"的理念为基础，亲力亲为地设计了广告、宣传战略、产品、包装、陈列方式，甚至还包括了店内的指向牌、发票、衣架、地板材质和垃圾箱等诸多细节之处。他认为，只有店内的所有物件和氛围形成统一感，才能让顾客一眼感受到这家店的风格。

确实，因为设计是肉眼可见的东西，所以商家可借此迅速地与顾客建立良好的沟通环境，发挥巨大的影响力。听了佐藤的一番话，我被他敏锐的感受力深深折服，心想："如果是这个人的话，必定能为我们集团提供更好的创意。"因此我发出邀请，希望他负责设计7-Eleven便利店的整体形象，带领便利店更上一层楼。

佐藤的工作异常忙碌，如果接受我的邀请，为7-Eleven匀出时间的话，极有可能影响到其他客户的委托项目。所幸这些企业客户的高层听说了此事后都表现出了支持的态度，最终佐藤接受了我们的请求。

当时，7-Eleven便利店的饭团、便当、面包、配菜等原创产品和PB系列的7-premium、7-Gold的品牌Logo与外包装的设计杂乱无章。有些在Logo上采用了7&i控股集团的标识，有些选择了7-Eleven的标识，有些则使用7-premium的标识。

于是，我们在2010年2月开始全面更新产品的同时，也启动了预计耗时一年的品牌建设项目。计划借助佐藤的力量，统一今后的设计理念，重筑便利店整体的品牌价值，让顾客重新认识7-Eleven。

在这一过程中，我通过佐藤的视角，亲身感受到"当时7-Eleven没能精准地把品牌价值传达给顾客的事实"。某天，佐藤试吃了7-Eleven的便当后，突然提出了一个让我们哭笑不得的问题："这款便当是哪家店生产的？"

7-Eleven拥有一支精良的产品研发团队，团队的研发成员以7-Eleven产品总部的研发负责人为核心，通过与各个原料、器材、制造厂商或供应商的负责人共同合作的方式，着力于改良和提升产品品质。例如对于用来炖煮汤汁的鲣鱼干，我们的整个加工流程可谓是精益求精，甚至让专业人士连连感叹："真没想到小小的便利店竟然能做到如此地步！"然而即使如此，我们却还是没能把7-Eleven的产品价值精准而完整地传达给正在担任便利店设计工作的佐藤。

从产品"个体与整体"的结构而言，过去的各种产品只表现出了鲜明的"个体性"，忽略了隶属于7-Elven便利店的"整体性"。以便当为例，既没有Logo标识，外包装也各不相同，这种杂乱无章的状态，根本无法向消费者传达我们的品牌价值与形象。

通过设计传达"流淌于基础之上的哲学"

在邀请佐藤负责7-Elven的整体设计时，他下面的一番话让我感触最深："品牌设计最不可或缺的是流淌于基础之上的哲学。"

所谓品牌构建，即指整理和明确品牌的存在意义和本质价值，并借助有效的沟通手段进行传播。站在顾客的角度来看，即使每个产品本身各不相同，也可借由统一的Logo标识和设计理念，发现隐藏在产品背后的品牌信息。不过，无论卖方掌握了多么高超的传播技巧，如果连最基础的思维模式都模棱两可的话，同样无法传播产品的本质价值。

因此"流淌于基础之上的哲学"就变得非常重要。如果商家拥有坚实的经营哲学，就能越过表层的沟通方式，与顾客建立更深厚的关系。可见，佐藤的这句话简明扼要地揭示了沟通的本质。

而他所指的"哲学",即等同于本书中一直提到的"不变的立场"。

运营Francfranc的日本BALS公司社长高岛郁夫也持有同样的观点。BALS公司以"VALUE by DESIGN(设计创造新价值)"为经营理念,不断向大众推出了新的生活方式。高岛告诉我,他所指的设计并非只是产品的形态,还包括服务及与顾客沟通的所有环节,可以称作是经营理念的轴心。

Francfranc的基本理念是为顾客日常生活中的各种场景提供全方位的价值。我想,这一家具品牌广受欢迎的原因,或许正在于让顾客通过看得见的"设计",对品牌理念产生共鸣的缘故吧。

7-Eleven应该如何应对今后的市场

7-Eleven自创业以来一直秉承了坚定的经营信念。在启动品牌建设的项目后,我多次单独与佐藤沟通,详述了我们公司的经营理念。另外,为了具体化标识和设计,7-Eleven一年之内召开了30多次所有管理层以及一线部门参与的会议。听佐藤说这是他第一次遇上为品牌设计召开这么多次会议的企业客户。

此外在新设计的发布会上（2011年5月），佐藤回顾了启动品牌建设项目一年来的点点滴滴后，总结道："这是一个把7-Eleven的坚定信念转化为品牌形象的过程。"

7-Eleven的坚定信念是一心追求"应有的经营姿态"。如果一件事对顾客而言是"理所当然"的，那么即使以7-Eleven当前的条件来说有多么困难，也必须排除万难，努力实现。因此，7-Eleven的经营模式并不是站在卖方的立场"为顾客着想"，而是坚持"站在顾客的立场上"思考。此外，由于顾客心中的"理所当然"总在不断变化，所以我们"真正的竞争对手并不是同行其他公司，而是瞬息万变的顾客需求"。这些我平时多次强调的内容，都体现了必须应对顾客需求变化的坚定信念。

前文提到，在2000年代中期，便利店行业整体的业绩停滞不前。媒体因而鼓吹"市场饱和论"，连不少同行的高层也纷纷赞同这一论调。但是我始终坚信："只要便利店还能应对变化，市场就不可能饱和。"

在这一市场背景下，我们所面临的迫在眉睫的课题是："今后，7-Eleven应该以怎样的姿态接待顾客？"7-Eleven便利店成立之初，正如广告词"还在营业太好了"一样，主打

24小时近距离营业的优势，忙碌的顾客可以选择任何时间进店消费。至今为止，便利店为顾客提供了时间及空间上的便利性，得到了以年轻顾客群为中心的大力支持。

7-Eleven成立三十多年来，社会环境发生了巨大的变化。老龄化与少子化问题日益严重，每个家庭的平均人数不断减少，女性就业率年年递增。目睹这些变化的我们，重新审视分析了便利店现在和未来所面对的顾客群以及应该提供的产品和服务种类，并在2009年重新定义了7-Eleven应有的经营姿态，即作为贴近顾客生活的商店，努力实现"近距离便利"。

这一定义也成为了指明企业未来前景和发展方向的愿景。我曾询问过和多家企业有来往的佐藤："成长型企业与其他企业有什么不同之处？"他回答道："最大的区别在于企业是否制定了清晰的愿景。大多数成长型企业在找到我之前已经非常明确自己的需求，我所需要做的是具象化这些需求，协助他们与外部的顾客建立良好的沟通机制。"

来自于7-Eleven的委托也正是如此。经过长达一年多的品牌建设，从2011年5月起，7-Eleven在完成了原创产品和PB产品全面更新的同时，开始应用新的Logo标识和外包装设计。

从重新审视"应有的经营姿态"所起步的改革，借助了设计的力量开花结果。2011年度，7-Eleven所有门店营业额的增长率达到了6.7%，远远高于上一年度的2.2%；全店日平均营业额约为67万日元，也比上年增长了4万日元。这些出色的业绩表现直观地反映了改革的成效。

作为本书的总结，我想重点在本章阐述，为达成面对顾客时"应有的经营姿态"，我们每天所必须为之付出怎样的努力。

◎ 打造品牌形象需要坚持不懈

BALS公司高岛社长非常重视"企业核心"及经营理念，他的一段话让我尤为印象深刻。Francfranc虽然是家具和日常杂货的专卖店，却从不售卖马桶坐垫套。以下是来自高岛的解释。

我们的店铺并不是零售生活必需品的地方，而是旨在营造出一个让人满怀期待地进入店门，为新颖的产品设计心跳加速、身心感到愉悦的店铺。所以我们决定只陈列给人带来快乐与梦想的产品，并舍弃了一些带有强烈生活气息的类型，比如马桶坐垫套等等。虽然我知道零售这类产品必定能提高营业额，但仍然毫不妥协地坚持初衷。因为我认为，对于那些背离顾客期待的产品，即使有助于零售业绩也没有任何售卖的意义。

接下来的这句话可谓是点睛之笔。

为了眼前的百万营业额，放弃未来可能上亿的
营业额，反而是得不偿失的做法。所以我们一直都
不改初衷，遵循最基础的经营理念。

不能"为了眼前的百万营业额，放弃未来可能上亿的营
业额"。Francfranc不售卖马桶坐垫套的缘由值得我们每个人
深思。

虽然知道未来有机会获得高额的长期利益，但如果必须
经过漫长的等待才有真实感，那么人们的心理则倾向于低估
长期利益，选择眼前的短期利益。

例如，我们为了保持健康而运动锻炼，但运动需要持之
以恒才看得到成果。因此，如果从今天开始运动，并不会出
现立竿见影的效果，也没有任何实感。另一方面，运动的过
程必然要消耗大量体能，让人感到疲惫，如果选择放弃则更
为轻松。虽然运动的长期利益是健康，但因为得到这一结果
需要漫长的等待，所以人们倾向于低估健康的利益，认为眼

前的轻松更具有价值。

7-Eleven便利店的单品管理好比"运动"，是维持便利店良性运营的必要条件。在所有场景中，让进店购物的客人最感扫兴的情况莫过于想买的产品已经脱销。为了避免这一点，我们每天都致力于单品管理，以此锻炼经营的"体格"，尽可能实现当消费者前来购物时，货架上正好陈列着他想要的产品及数量，从而提升品牌号召力，获得长期而稳定的利益。

实行单品管理并不能马上锻炼出经营的"强健体魄"。正如坚持运动需要强大的毅力一样，坚持对每件产品重复假设和验证的单品管理也绝非易事。商家的注意力很容易就会被可以清楚看到的数字成本损失所吸引，为了规避既有的损失而倾向于保证短期利益——这和与其做运动消耗体力，不如放弃锻炼更加轻松的想法如出一辙。

如果锻炼出了经营的"强健体魄"，将能帮助商家到达前所未有的水准，萌发今后更上一层楼的意愿。这就是运动的成果，即经营的"健康状态"。而这一健康的精神面貌也必定能传达给顾客。相对地，经营体格还不达标的门店势必也会影响到店内的整体氛围。

当然，单品管理绝非万能法则，即使每天重复假设与验证的过程也不能百分之百地规避机会损失和成本损失。这样完美的状态并不现实，因为以不让顾客扫兴为目的的备货方式多少将导致成本损失。

以家庭生活为例，当主妇给有两个孩子的四口之家准备晚餐时，不可能保证每次的饭菜分量都不多不少恰到好处。为了让孩子吃得满足，妈妈们总是会稍稍多准备一些。

同样地，为了确保顾客获得真正的满足，便利店每次订货时也总会稍稍多订一些，这其实也是面对顾客的"应有姿态"。与此同时，想要把成本损失降到最低，必须坚持假设与验证的单品管理过程，努力锻炼经营的强健体魄，提高订货的准确度。如果三天打鱼、两天晒网，经营的体格只会日渐衰弱下去。

可乐与Super Dry啤酒的销量位列日本首位的缘由

如果像从不零售马桶坐垫套的Francfranc一样，比起眼前的利益，更关注长期的品牌形象的话，最终会和顾客建立怎样的关系呢？

7-Eleven便利店的可乐与Super Dry啤酒的销量在所有日本的零售店中位列第一。不论是可乐还是Super Dry啤酒，不同店铺的产品都是同质的，并且7-Eleven也没有举行特别的打折促销活动，那么为何仍有这么多顾客愿意在7-Eleven购买呢？

把时针稍稍回拨至2004年，在当7-Eleven迎来成立三十周年之时，电视上有一段时期播放了风格与过去略有差异的企业形象广告。

"目的-心情"篇是这样的内容：

女店员正在便利店门前打扫的时候，一名男性顾客走了过来。

突然，他停住脚步，自言自语道："我是准备买什么来着？"

"您想买的是不是一份好心情？"店员回答道。

紧接着男性顾客道了声谢后就返身离去。

最后电视屏幕上出现了一句话，向所有观众提问道："对你而言，Seven是？"

"777"篇是收银结算的场景：

"一共是七百七十七日元。"

听到店员报出的数字，男性顾客欣喜地说："真幸运！"

店员则立刻回应道："恭喜您！"

这时，画面停止，屏幕浮现出一行字："对你而言，Seven是？"

"第三颗星星"篇则充满了童话色彩：

一对情侣中的男子隔着便利店的窗户指向夜空，"订购"道："我想把右数第三颗星星送给我的女朋友。"

"配货需要花费一些时间，您愿意等待吗？"听了店员的话，这对情侣互相对视了一下。

只听女性顾客答道："没问题。"

随后屏幕同样出现了"对你而言，Seven是？"的字样。

光顾便利店的客人每天都怀抱着各种心情和想法，经营着各自的生活。当被问到"对你而言，Seven是什么"的时候，观众会突然察觉，在不知不觉中，7-Eleven已经成为了自己生活中不可或缺的一部分。

想出这一企业形象广告创意的正是我自己。明明各家店铺售卖的是同一种产品，为何顾客却更愿意在7-Eleven购买？

问题的答案就藏在这一广告之中。

创业以来，我们始终追求面对顾客"应有的经营姿态"。之所以选择在7-Eleven便利店成立第三十周年的时间节点上制作企业形象的宣传广告，目的在于让每一个客人自问"对自己而言，7-Eleven是怎样的存在"，由此再一次回忆起自己和身边便利店间的关系。

顾客这时浮现在心中的想法就是对店铺的忠诚度。可口可乐的销量名列日本第一的缘由也正来源于这一点。

"既然要买，不如就在经常光顾的7-Eleven买吧""不知为何，那家店的氛围总是让人觉得轻松自如，所以就顺路去一次吧"——这些想法都是顾客忠诚度的表现。到了午休时间，下意识地走进7-Eleven，看到货架上的新款便当，直觉"应该很好吃""试着吃吃看吧"地伸出手的举动也是基于顾客忠诚度。虽然没什么特别想买的东西，但是经过7-Eleven时总习惯进去看看，这亦是忠诚度在发挥着作用。

7-Eleven便利店举办的所有活动、花费的所有努力都是为了提高顾客的忠诚度。通过经年的日积月累，我们的营业额与收益远远超越了其他品牌的连锁便利店。同时，企业形象的宣传广告对我们自己而言，也创造了再次回顾工作原点的机会。让各个门店的店长、临时工、勤工俭学的学生们和总部的职员们感慨在7-Eleven工作真好，让供应商和经常往来的公司感叹能和7-Eleven打交道真好。

为了被称赞"一如既往的好吃"而不断做出改变

想要提高顾客对商家的忠诚度，则必须站在他们的立场，打造能抓住消费者心理的店铺。同时，还必须持之以恒地开发高品质的产品，建立假设，为门店采购符合顾客需求的畅销产品，并在陈列、用词、试吃等方面苦下功夫。此外，产品的新鲜度、待客服务、店铺的整洁环境等等环节都缺一不可，可见要培养顾客的忠诚度绝非易事。

忠诚的顾客是企业极其宝贵的资源，而想要维系顾客的忠诚度更是难上加难。因为他们的期待感呈现的是一条上升曲线。

顾客总是追求一百分满分的水准。如果卖方提供了超出顾客期待、高达一百二十分的产品的话，势必能满足他们。但另一方面，由于顾客的要求在不断提高，所以他们下一次追求的满分对卖方而言就上升到了一百二十分的水准。此时，卖方必须提供一百四十分的产品才能令顾客满足。

只有当顾客感受到期待以上的价值时才会获得满足感。然而顾客的期待在不断上升，以食品为例，以前觉得"好吃"的水准之后就变成了"理所应当"，最后则终结于"厌倦"。

因此，针对一到夏日销量就急剧上升的中华冷面与荞麦面等长期畅销商品，我们每年都会改良其品质，在口味上略加调整，抬高产品的水准。对于7-Premium目前已经多达1700多种的产品系列，我们也坚持进行定期的更新换代。比如在"改造"咖喱粉时，我们与身为行业龙头的好侍食品（House Foods）达成了合作关系，把经过了7次试制后的试吃品快递至报名参加点评的家庭，让他们作为实际的午餐或晚餐食用，并像这样反复进行了5次口味测试。最终上市的新版咖喱粉大受消费者欢迎，销售业绩比过去提高了1.5倍。此外，在实行产品更新时，我们也会时不时地更换共同研发的制造厂商，加入新的灵感。

著名的食品制造商中，也有不少通过对长期畅销商品的更新换代获得消费者长年支持的案例。

成长迅速的企业，总是致力于提高自身的水准。例如运营青山鲜花市场的井上英明社长就把这一努力称作"Elevation（升级）"。他说："关于满足顾客需求这一点，不论过去有多么精彩的成功案例，重复第二次时也不可能取得相同的效果。所以，关键是改变方法、改变产品，持续提供超出顾客期待的服务。如果企业有所倦怠的话，则难以收获成长。我非常喜欢'Elevation'这个英文单词，因为人活着就是为了提升自己，当自己得到成长后，才能真正给这个世界带来贡献。"

以车站内的商业设施而广受欢迎的Ecute也同样如此。和普通的商业设施不同，车站是顾客们每天早晚都会经过的地方，所以如果长年一成不变的话更容易让顾客厌烦。据创始人镰田由美子所说，为了留住回头客，Ecute项目组成员不仅要定期调整固定店铺的产品结构，还会利用店内的自由空间，以自行策划的营销方案为基础，每隔两周到一个月推出不同的活动，赋予卖场变化。换言之，即是保持日常性的"微创新"。

顾客也许察觉不到食品口味发生了改变、产品已经更新换代、服务水准得到了提高。当然他们也无需知道，只要顾客在任何时候吃都觉得好吃，在任何时候使用都觉得好用就行了。重要的是卖方必须通过不断的改变，带给顾客不变的满足感。

也就是说，为了让顾客觉得"一如既往的好吃"，作为商家的我们必须一直保持改变。

虽然改变常常伴有风险，但在当今时代，不变的风险远高于改变。

能否持续给予顾客"附加值"

作为卖方，我们在不断做出改变的时候，也必须时刻铭记要持续给予顾客附加值。如果是食品，则提高它的新鲜度与美味度；如果是各种服务，则把它改善得更好用。对顾客而言，今天的满足即是明天的正常水准。为了满足明天的需求，顾客总是在追求有附加价值的产品。因此，积累附加值是经营的另一个关键点。

7-Eleven一路走来都在重复这一过程。顾客最初向7-Eleven便利店追求的是近距离、24小时营业的便捷性，然后扩展到能轻松支付水电煤等公共事业费用的便捷性，随后又再次因便利店安装了ATM，开始进一步追求能在任何时间存取现金的便捷性。

当7-Eleven把应有的经营姿态重新定义为"近距离便利"后，便捷的范围也得到了大幅延伸。比如各店开展的推销和送货服务，就是针对老龄化问题日趋严重的日本社会，让老年客户群足不出户，在家中即可轻松享受的便捷性服务选项。另外，最近我们用店内油炸设备自制的土豆饼和炸鸡等即食食品在傍晚呈现出了良好的销路，观察后发现购买者大多是40~50岁的家庭主妇。这意味着顾客追求的便捷性又延伸至对晚餐制作时间的节省之上。

运用可在7-Eleven便利店内收货的网络零售服务，顾客能从3000多个品牌中挑选红酒，一般下单后的第四天即可前往指定的便利店收货。现实的实体店中几乎不存在备货如此丰富的红酒专卖店。换言之，这里体现了顾客把网络零售作为"虚拟红酒商铺"使用的便捷性。

2009年秋天起，位于东京及其周边城市圈的7-Eleven便利店，推出了被称为"Pokekaru俱乐部"的旅游类产品。这一产品主打一日游和各项体验活动，其特色是应用多功能复印机进行销售，可以称作是"旅游的ATM"。接着，从2010年2月起，7-Eleven推出了运用多功能复印机发行"住民票复印件"和"印鉴登记证明"的服务（只限一部分地方政府），这又可以称为是"各种证明件的ATM"。最近，针对频繁发生、成为社会问题的自行车意外事故，7-Eleven的多功能复印机还被使用于申请支持高额赔偿的自行车类保险，即"保险的ATM"。此外还有"地图的ATM"，即运用多功能复印机制作旅游或出差目的地的地图。

上述服务原本皆是存在于店外的服务或产品，7-Eleven博采众长，并赋予它们新的附加值，最终让顾客感到"便利店还是一如既往的便利"。

潜在的需求总在店外。顾客接下来将寻求怎样的便捷服务？当卖家放弃思考与努力，不再拓展产品或服务价值的广度时，顾客的忠诚度也会随之一落千丈。

◎ 不要落入"成功"的陷阱

如果告诉卖方必须不断保持变化，其中的大多数人都自认为"正是如此，我一直都是这么做的"或"我每天都在兢兢业业地工作着，丝毫不敢有所懈怠"。然而事实上，我们仍然可以看到有许多卖方受制于过去的经验，无法应对市场需求与顾客期待的变化。结果既难有所建树，自己也百思不得其解。

人们习惯总结与学习成功的经验。当然，成功经验中克服困难的自信与努力奋斗的精神是永远值得铭记的重点。不过，源自历史成功经验的愉悦结果和带来这一结果的方法却更让人刻骨铭心，驱使他们在未来也下意识地运用同一种方法。实际上，无法忘却历史成功经验的人极少具备应对顾客和市场变化的能力。并且最为关键的问题是，当局者全然注意不到这一点。

在第二章出场的早稻田大学商学院的内田和成教授把这一现象概括为"被成功复仇"。他说，如果过去的成功经验作为"优秀的范例"逐渐渗透进了人的内心和企业组织，那么当人们直面变化时，往往也会被这些经验束缚住前进的脚步。为了进一步说明人的思维定势是多么难以撼动，他提到了《范例的魔力》一书中所记载的潜水员故事。

潜水员在潜水至五十米深的海底时，不小心掉落了一听百威啤酒。由于百威的红色商标非常显眼，所以他立刻就发现了。事实上，在这种程度的水深之下，因为光的折射原理，潜水员理应分辨不出颜色。但是，由于他的脑海中存有"百威的商标＝红色"的固定认知，所以竟看见了理应无法分辨的红色。更准确地说，原本应该是深灰色的东西在潜水员眼中变成了红色。由此可见人类的思维定势是多么强大。因此，当我们基于过去的思维定势观察市场时，也可能看不清真正的现实，而把现实"扭曲"成自己脑海中的模样。

如果把这一罐"海底百威啤酒"替换成消费者和市场的变化，则不难理解当人们受制于历史经验时的判断与想法。无法应对变化的人，既不是不愿去观察变化，也不是不能看到变化，而是即使仔细观察了，也看不清变化的真正模样。名为"历史成功经验"的过滤器总是紧紧贴住他们的眼睛，好似一叶障目，令人无从察觉市场的波动，所以即使拼尽全力却还是偏离了正确的方向。

比如，当脱口秀艺人以日本人为受众施展巧妙的辩才时，大家都会为之吸引。但是不论多么精妙的内容，如果到了中国境内还是使用日语讲述的话，则根本没人能听得懂，这时就必须思考其他的传达方式。实际上，目前的市场正在发生这样戏剧性的变化。然而，"戴着过滤器"的人，却始终没有发现倾听对象已经变换了国籍，依然盲目地用日语沟通，结果当然得不到任何回应。于是他把一切归咎于听众今日的理解能力，而听众们也不会再有兴趣聚集在他的身边。这就是内田所说的"被成功复仇"。

又比如，秋冬换季时期的某天早晨，气温一下子骤降了五六摄氏度。面对如此剧烈的气候变化，我们必须多穿一件衣服才能抵御寒冷。但是，一旦感官被蒙上了"过滤器"，神经则无法充分感受到温度的变化，仅仅把运动背心换成了短袖T恤就以为自己已经顺应气温做出了最恰到好处的改变。

但是，在当今时代，点滴的改变几乎等同于没有改变。

学会从未来的角度审视过去

怎样才能避免"被成功复仇"呢？如果受制于历史经验，感官就会被蒙上过滤器。因此我们必须转换思维角度，描绘下一阶段的"可能性"与"应有的姿态"，以此为基础重新审视过去与现在，朝着应该做的事迈出重要的一步。

例如，7-Eleven便利店在2007年5月正式开始发售7-Premium系列后，我提出了研发7-Gold的建议。但当时研发成员却齐声给出了否定的答案。7-Premium系列不同于当时以低价为诉求点的PB产品，它更侧重于产品的"品质"，却又在等同甚至优于NB产品的品质基础上，实现了更实惠的价格，让"高品质"与"便利性"得以共存，最终成为了畅销产品。

我所提议研发的进阶版本7-Gold是指在合理的价格范围内提供优于餐厅或专卖店的产品，价格比之过去也会有大幅上升。对此，大家质疑道："这么高的价格是不可能受到顾客青睐的。"

就连推翻了PB固有概念的研发成员也受制于7-Premium的成功经验，下意识地把"PB产品"与"价格比NB更优惠的产品"画上了等号，在思维模式上安装了"过滤器"。

与此相比，我的想法却完全不同。7-Premium系列之所以选择以品质为优先，是因为我们知道即使在经济萧条的大环境下，比起价格更重视质量的顾客依然不在少数。那么，如果推出品质更卓越的新产品，顾客也一定愿意尝试购买。

这是我站在PB产品的下一阶段，描绘出"未来的可能性"，并从这一可能性重新审视现在的PB产品后所萌发的想法。结果，力排非议推出的7-Gold以超越专卖店的美味博得了顾客的好评，现在已成长为和7-Premium不分伯仲的招牌产品系列。

前文所述的"黄金面包"也同样如此。我们从"想要制造出更美味的面包"这个下一阶段"应有的姿态"重新审视了一直以来的面包制作方式，最终通过对附加值的提高，创造出了热销的"黄金面包"。

如果站在历史经验的延长线上思考，则容易产生惰性，以为"既然过去用这种方式获得了成功，不如未来也照搬原样吧"。另一方面，当从未来的角度回顾现在时，就会接连涌现出"我想要变成这样""应该这样做"的想法，调动出人的积极性。

作为一个长年站在事业最前线的人来说，我强烈希望所有经营者和商家经常关注下一阶段的"可能性"和"经营应有的姿态"，因为这和每个人的工作成果息息相关。

◎ 如何让有价值的信息自动"上钩"？

为了做到"想他人之不曾想"，我们又应该如何收集信息呢？

前文提到的7-Gold系列也好，"黄金面包"也好，都是来自于我的创意。此外，返现促销和以旧换新活动也是由我制定的方案。而现在已经成为每家便利店必备存货的便当、饭团、方便面、关东煮等产品也是我力排众议、坚决推出的。

因此，经常有人问我："你是不是有什么特别的思维方法，为什么总能想到这些别人想不到的东西？怎样才能搜集到有用的信息呢？"实际上，我从未刻意收集过信息，反而是这些信息咬住了存在于我脑海中的"鱼钩"。

我一回到家就马上打开电视，坐车则习惯收听广播。我在每天开车上下班的途中，总会打开收音机，听一听最近又在流行什么，或是有什么有趣的新闻，当大脑接收这些信息时，留在印象中的各种相关内容就会不知不觉地主动"上钩"。

简单地说，每个人都在无意识地吸收自己感兴趣的信息，连一些别人漠不关心的细节也听得津津有味。而对另一些话题，比如我就对娱乐圈毫无兴趣，听见了相关的内容也不会有什么特别的感觉。工作上的信息也同样如此，自己关注的事情常常会自然而然地咬上我脑海中的"鱼钩"，而活用这一信息就可能触发某个新项目的灵感。

著名出版社幻冬舍的见城彻社长也说过类似的话。他曾介绍过著名歌手乡裕美那本卖出百万册以上的畅销书——《Daddy》的出版契机。见城与乡裕有十多年的交情，虽然之前一直想邀请对方写书，可是怎么也找不到合适的题目。听说在此期间，乡裕美也提出了好几个想法，却都因为缺少决定性的因素而暂时搁浅。

然而某一日，在他们一起打高尔夫时，乡裕美突然感叹道："离婚真叫我痛苦不堪。"这时，见城心中灵光乍现，提议道："说不定通过写作能帮助你从离婚的痛苦中得到解脱。"三天后，乡裕美决定开始撰写自己婚姻从幸福走向破裂的始末，并逐渐在写作过程中坦然接受了离婚的事实。

打高尔夫时的无心之谈成为了出版的契机，见城把这一过程比作纸牌游戏，他说："我抓住了这张只会出现一次的决定性机会。"之所以见城能够把握唯有一次的机会，是因为他的脑海中也置备了感兴趣的"鱼钩"，而乡裕美的感慨正好咬住了这一"鱼钩"。

秋元康也同样如此。他曾说过："新的策划案不是关在会议室里拍脑袋想出来的，而是源自与同事吃饭时的闲聊、会议间隙无心的交谈以及平凡生活中让人感到有趣的事。一些微不足道的小事往往能启发人获取新奇的创意。"

因为秋元的脑海中准备了好几个"鱼钩"，所以才能经常钓到重要的素材。例如他刚抵达美国纽约时，最出乎意料的发现是冰咖啡中居然没有混合胶糖蜜，客人需要自行把砂糖倒入咖啡，哗哗地搅拌半天。在想不通为何不事先放入胶糖蜜的同时，他也猜想这样做一定有什么特别的理由，然后在调查原因的过程中果然萌发出了有趣的创意。这正是秋元式的思维模式。

我曾在第二章介绍过，BALS的高岛社长一有时间，就会暂时抛开日本的工作，前往纽约、巴黎、伦敦等地，以自己的眼睛观察国外街道的各种信息。这些信息并不完全和产品相关，而是囊括了社会动向、时尚潮流等方方面面的内容。当高岛以普通人的视角漫步在海外街头时，决定性的信息随时可能咬上他脑海中的鱼钩，帮助他预测未来消费者的关注点，引出有效的"假设"。

我们作为卖方，平时必须不断捕捉顾客的各种需求。为此，在信息大爆炸的现代社会，稍不留神就会自负地觉得"一定要吸收最前沿的信息""不能落后于信息的浪潮"。结果，反而被海量信息弄得身心俱疲，难以撷取到真正需要的内容。或者，即使每天接收了大量信息，却还是因为受制于历史经验和业界常规形成了思维定势，错过了真正重要的信息。

正确的做法是，持续留意和自身工作相关的信息，常常自问是否在脑海中置备了一个"鱼钩"，是否已把针尖磨得锃亮。

为了做到这一点，关键在于让大脑恢复一张白纸的状态，抛却一切思维定势，在心中保持"顾客明天追求什么"的问题意识和"能开拓什么新项目"的挑战意愿。这两者其实都是我所指的鱼钩。如果既没有问题意识也没有挑战欲望的话，不论脑海中的信息量有多么庞杂，也无法梳理出自己最需要和最有用的内容。

◎ 由"平凡"造就"不平凡"

在本书中，我穿插介绍了近五年时间访谈各个嘉宾时听闻的故事。他们每一位都活跃在各自领域的第一线，并取得了卓越的成就。那么，他们又是如何做到这一点的呢？让我印象深刻的是，他们并不像旁人猜测的那样，采取了多么奇巧的策略，而是凭借超出常人的毅力，日复一日、滴水穿石地贯彻着最为平凡的事。

幻冬舍的见城彻社长，在创业前曾就职于某家著名出版社。工作中他并没有选择轻松的捷径，比如利用出版社的影响力向作家约稿等等，反而特意去拜访了曾多次拒绝过就职出版社的作家，试图说服他们写作。见城告诉我，挑战周围人都觉得"不可能""有勇无谋""不自量力"的事情可以深深地感受到自己存在的价值。那么见城又是如何把不可能变为可能的呢？他的方法其实非常简单。

我的做法是通读那位作家的所有作品，坚持给对方手写情真意切的信件，像这样不懈地努力直到得到那位作家的认同为止。我在给五木宽之寄出了第25封信后，才终于得到了与他见面的机会，而那时我已经通过信件成功地和他建立了信任关系。

　　为了得到目标作家的信任，通读他的所有作品，并坚持写信。见城的成功正是因为他落实了最平凡和最理所应当的行动。

　　本书中经常提到的佐藤可士和亦是如此。我之前总以为，艺术指导的工作是由指导者本人创造各种新的设计，再拿来与委托人的产品相融合。但是当7-Eleven启动了品牌建设项目，我们真正有机会与佐藤一起工作时，才发现他的工作方法其实非常朴实。

　　首先，佐藤只负责倾听，通过多次深入的谈话引导出客户最为本质的需求。然后再以此为基础整合自己的创意，并通俗易懂地传达给客户。他就是这样兢兢业业地执行着"最平凡"的事，从项目启动到形成统一的设计，总共花费了一年的时间。

佐藤说："平凡即指应有的姿态，也可以说是理想的状态。能坚持做好'平凡'的事，其实并不容易。"

见城与佐藤的相同之处在于，他们会经常思考这对任何人而言都是"最平凡不过的"事，然后保持"应有的姿态"坚定不移，并始终贯彻这些"理所应当"的事。这里的"理所应当"并不是以自身的利益为前提，而是必须执著地践行对客户而言"理所应当"的事。

只要始终贯彻和积累"平凡"的事，终将会在某个时间达到爆发点，由"平凡"造就"不平凡"——7-Eleven便利店正是其中的典型。

为了制作口味正宗的红小豆糯米饭团，7-Eleven便利店向分散在全国各地的专用工厂导入了只适用于红小豆糯米的新设备；为了给顾客提供现烤直送的面包，7-Eleven便利店在店铺附近从零开始建立专用的面包工厂。之所以如此大费周章，是因为这些对顾客而言都是"理所当然"的事。

创立7-Eleven之初，我们曾要求面包生产商在正月假期也要为便利店供应面包。既然便利店采取了年中无休的经营方式，我们自然希望新年也能为顾客提供新鲜的面包，这亦是必然的趋势。但是，面包生产商的社长却强烈质疑道："难道员工新年还要加班吗？"或"保证员工新年与盂兰盆节①的休假是企业经营者的职责之所在！"7-Eleven方面的负责人每天都去拜会社长，极力劝说是不是能够想办法确保员工休假和工厂运转两不误，可是交涉迟迟没有进展。即使请到厂商的工会会长从中斡旋也难以打开局面。看到沮丧而归的负责人，我鼓励道："我们本来就是一群门外汉，重要的是不忘初心。"

负责人再次拜访生产方，坚持不懈地向对方诉说"想要每天为顾客提供新鲜面包"的"平凡"想法。功夫不负有心人，生产厂商最终接受了我们的提议。于是从7-Eleven便利店1号店开业的第三年即1976年的新年起，店里每天都能陈列上最新鲜的面包。

设立Seven银行时也是如此。如果想获得在便利店内安装ATM的资格，最为方便快捷的方法是与银行合作，建立运营ATM的合资公司。但是合资运营的方式在安装ATM时需要经过银行支行或营业厅的处理，所以不能自行决定安装的场所。而另一方面，如果成立了属于自己的银行，则能掌控一切。从提高顾客使用便捷性的角度而言，哪种"理所当然"的方式是我们"应有的经营姿态"呢？答案不言而喻。就

---

① 日本传统祭祖节日，其重要性仅次于元旦，企业通常会放假一周左右。

这样，不论外界如何批判我们的决策，指摘这是"不可能的""违背常规的""注定失败的"举动，我们依然向这条险峻之路迈出了坚定的步伐。

东日本大地震[1]时亦复如是。我们在向灾区运送赈灾物资实施救援的同时，还致力于尽早恢复当地便利店的正常营业。7-Eleven便利店零售的便当和饭团等日常用品是人们在紧急时期特别需要的食物，然而当地大多数制造工厂都因地震受到了严重的破坏。

因此，为了确保充足的产品供应，我们采取了连环供应方式。首先从新泻·北陆地区没有直接受到地震影响的工厂，选取一部分产品运送至东北灾区，再用长野·山梨地区的产品补给新泻·北陆地区的供应缺口。同时，还依序重启了灾区的配送中心。到了3月26日，即发生地震的两周后，7-Eleven的饭团和便当类产品恢复了平时一日三次的配送频率。在便利店行业中，我们是最快恢复震区店铺营业的连锁品牌。我们深知这对当地的顾客而言是"应有的姿态"和"理所应当"的事。

之所以能快速实现修复，是因为7-Eleven便利店的专用工

---

① 指2011年3月11日14时46分日本东北部海域发生的里氏9.0级地震，造成重大人员伤亡和财产损失。

厂比例远远高于其他连锁便利店的缘故。而拥有多家专用工厂也是这一行最"理所当然"的状态。

7-Premium系列打破了原先的PB概念，与生产NB的一流制造商合作，并在产品外包装上明确标明了生产厂商的名称。过去，PB产品的外包装上只登载发售商，即流通企业的名号，并没有任何生产厂商的信息。业界普遍认为："注明了生产商就不再算是PB。"但是对顾客而言，必然还是想明确制造商的情况。既然如此，比起卖方的利益，我们更应该关注顾客的需求，所以最终决定改变PB约定俗成的规则，在产品外包装上注明了生产厂商的信息。

7-Eleven各个店铺每天实行的单品管理，也是为了尽力达到"当消费者前来购物时，货架上正好陈列着他想要的产品及数量"这一应有的经营姿态。另外，坚持执行"产品备货齐全""鲜度管理""舒适整洁""亲切服务"的四项基本原则也是出于同样的考虑。

像这样，始终贯彻并累积对顾客而言"理所当然"的事，必定将在某个时间点达到爆发点，由"平凡"转为"不平凡"。各个连锁便利店品牌的店铺位置和规模程度看似大同小异，可是7-Eleven全店的日均营业额却比其他同类便利店高出12万至20万日元左右，达到了67万日元。这正是因为我们通过一步一个脚印的努力和积累成就了"不平凡"的缘故。其他竞争对手若想要缩短两者的差距也绝非一朝一夕即可完成之事。

只有一块一块堆起脚下的基石，才能眺望远方

有些人在作决策时，总不愿放过任何角度，喜欢比较所有优势与劣势，进行复杂的思考。比如列出所有条件，觉得这个可行、那个不能做等等。结果反而在深思熟虑之后无法果断地做出判断。

另一方面以我自己为例，由于天生怕麻烦的性格，所以不喜欢思考过于复杂的事情。因此，我在逐一解决眼前的任务时，也不太擅长花费心力深思熟虑，而是清空大脑，以白纸的状态单纯地考虑哪种方式更优，并执行"理所应当"的事，仅仅如此而已。

虽然我的决策方式看似简单，但还是有不少对顾客而言是"理所应当"的，却超出了卖方利益范围内的事，所以执行过程中依然伴随诸多困难。即便如此，作为卖方也应该直面眼前的困难，每次都向前迈进一步，勇敢地发起挑战。我本人一直以来都遵循着这一思维模式。

此外，还有着眼于未来目标的工作方式。不过，如果没有坚实地堆砌起脚下的基石，再怎么用力眺望远方也注定一无所获。

相扑力士也好，足球运动员也好，都是在一场场比赛中，倾尽全力决一胜负，而优胜的果实也必将从这一过程中显现。当我耗费时间与精力扑在一项工作上时，如果取得了预料之中的成绩，心里自然会满足地感到这是份极具挑战价值的项目。不过，假如对所有事情都心生满足，又会丧失继续前行的动力。

所以我们应该居安思危，把每天都当作生死存亡的紧要关头，咬紧牙关一步一步地踏上眼前的台阶。我想，这才是真正的人生。

畅销产品"黄金面"的研发秘史

逐一解决了眼前的任务后，决定成功的要素多半落在了运气之上。运气虽然有偶然的因素，但真的所有运气都出自于偶然吗？

例如7-Gold系列在2013年5月开始售卖的第一款高级袋装面"黄金面"，就是一个受到幸运女神青睐的产品。黄金面的研发过程如下。

当时的东洋水产公司研发了一款名为"Maruchan正面"的袋装面条。这款产品采用了最新的技术，虽是泡面却能煮出近乎于生面的口感。自2011年11月上市一年来，累积出货量突破了2亿份，受到了顾客的一致好评。东洋水产花费五年时间，成功开发了这一独创性的制作方法，据说产品"Maruchan正面"的命名中，包含了"这才是真正的面、是理想拉面的完整形态"的寓意。然而某一天，7-Premium研发团队中的一名成员却拜访了可谓实现了"终极梦想"的东洋水产，大胆提议道："能否请贵公司和我们共同研发一款超越Maruchan正面的更高规格的PB产品呢？"

听说我们公司内部对这一员工的评价是："平常具有较高的积极主动性，但偶尔也有莽撞和不考虑后果的一面。"但他的"莽撞"却引出了东洋水产另一种难以运用在NB产品上的独特制造工艺。因为花费漫长时间煮熟面条，让其更具生面口感的方法需要耗费过多工序，所以在NB上很难实现量产，但如果运用在PB上却绰绰有余。最终，7-Eleven便利店率先发售的"黄金面"表现出了良好的势头，甚至不得不调用留给伊藤洋华堂售卖的部分。

前去拜访的东洋水产碰巧藏有一个未被运用于NB产品的

技术，这对那名研发团队的员工而言，无疑是幸运之极。不过事实上，如果没有人下定决心，迈出艰难的第一步，去说服已经成功推出畅销产品的厂家再制造一份超越自己的PB产品的话，这份幸运也不可能出现。

幻冬舍的见城社长曾经说过："运气对每个人都是均等的，但只有持之以恒、日复一日地努力，才能真正抓住属于自己的运气。"听说经常有人羡慕地对见城感叹道："你的运气可真好啊。"确实，前文提到的五木宽之和乡裕美的故事都会让人有这样的感觉。但他本人却说："这并非是运气，而是我百倍于他人的努力使然。"

在我对话的各界人士中，有不少通过努力抓住好运气的例子。比如，旭山动物园为实现行动展示法所经历的路程。20世纪80年代后期，旭山动物园曾一度濒临关门的危机，面对严峻的考验，以小菅正夫为首的工作人员反复自问动物园的存在意义。

在没有预算的情况下，饲养部的员工承担了向导的责任，自己组织语言为入园的游客介绍各自照料的动物，带他们参观喂食的场景。此外他们还手工制作展览海报，打造亲子动物教室等等，一步一个脚印地不断向前迈进。而出任动物园园长的小菅正夫也坚持在一切可能的地方宣传动物园的重要性。

1990年代中期，旭川市一位以"营造尊重生命的社会"为理想愿景的新市长走马上任，他偶然间听闻了小菅们的故事后非常感兴趣。当小菅受到邀请得到和市长见面机会的那天，他带去了十四张和员工们饱含热情描绘的动物园设想草图，最终成功获得了来自市长的援款。从此，旭山动物园逐步开始振兴、发展，并再度走向繁荣。

小菅说："如果没有之前累积的努力，即使获得了等额的预算资金，也不会有旭山动物园的今天。"

◎ "销售力"因挑战与努力而提高

我本人也在许多时候受到了幸运女神的眷顾。前文曾介绍过，20岁后半时期，我在东贩宣传部门成功改版《新刊新闻》的经过，这其实也受到了好运气的照应。当时我虽然提出了改革的想法，但顶头上司和负责的董事却并不想改变持续已久的常规做法，对我的提议几乎毫不理会。

但是，我无论如何都不愿意轻易放弃，便下定决心对正好位于宣传部隔壁的企划部主任尝试着说道："我有这样一个想法……"幸运的是，并非我直属上司的企划主任认可了我的努力和想法，并代为转达给了当时的社长。

于是，出于社长的指示，我获得了在董事会上介绍方案的机会。结果最高领导"这个想法不是挺有趣的吗？不如试试看吧"的一句话，让原本持否定意见的管理层也转而表示赞同。

最后《新·新刊新闻》得以问世。之后，我开始担任新版杂志的编辑，计划与工作中结识的媒体从业者合伙开拓一个独立项目，然后在寻求伊藤洋华堂赞助的过程中决定了转行。如果当初我因为被上司拒绝而放弃了杂志改革方案的话，那么也不可能成就现在的我。

此外，为7-Eleven构建信息系统时，幸运也眷顾了我。在创建7-Eleven便利店的第四年，顾客寄予我们的期望值变得越来越高。随着门店工作的日益繁忙，我发现想要更有效率地开展业务，必须建立有效的信息系统。由于当时的门店总数已经突破了三百家，仅仅依靠电话和手工订货已经不能满足便利店的需求。所以，我们决定发起挑战，在世界流通业历史上，首次尝试对连锁店的采购信息进行系统化作业。

在遭受著名制造商接二连三的拒绝后，只有日本电气（NEC）一家向我们伸出了橄榄枝。但是双方的交涉却一度陷入了僵局。考虑到连锁店数量增长的现状，我方希望节约系统经费的开支，因此提出了打破业界常规的低成本，并不准备轻易地妥协。我们要求的成本是其他公司类似机型的一半，开发时间是日本电气方面提出的"两年"的四分之一，并且还要一下子投入500台机器。这在对方看来，是"几乎没有道理的低成本""常规上不可能完成的交货期"和"想象不到的台数"。

因此，日本电气方的谈判负责人一度难以接受，连连摆手说不可能答应这么苛刻的条件。谈判到了最后，日本电气的董事长小林宏治先生做出了定夺，他说："如果不能响应第一线员工的需求，则无法开发出优秀的系统，而且成本从长期来看也可以接受，就让我们和7-Eleven合作开创新一代的技术吧。"如此，他以赌上了企业未来的架势，为7-Eleven组建了专门的研发团队。此后，日本电气一直负责搭设了7-Eleven从第一代到目前第六代的综合信息系统，并且每次都创造出了颠覆历史的大规模系统。

小林社长早在1970年代后半时期就极具慧眼地主张"计算机与通信的融合"，带领日本电气成长为信息通信行业的著名电子企业，也让自己的名字刻在了日本计算机产业的史册之上。7-Eleven能得到他的英明决断，实乃一大幸事。

日本电气的研发团队为了满足我们的苛刻条件，每天都在门店的零售第一线，从早上7点工作至晚上11点——恰巧与7-Eleven的店名相呼应。他们的想法非常积极，认为："如果应对得了全世界要求第一严格的7-Eleven，就能应对任何一家企业。"

信息系统对便利店而言是一切信息的动脉。如果在最初的交涉中，我们以快速达成协议为目标，轻易妥协的话，这份幸运肯定不会降临，之后信息化的进展也可能走向不同的结果。只有勇于挑战，努力实现自己坚信有价值的项目，才有机会邂逅幸运。

在和千禧零售株式会社（Millennium Retailing, Inc.），即崇光·西武百货商场曾经的母公司进行经营合并时，我也感受到了幸运的气息。这次合并的契机要从我们集团架构重组、成立控股集团开始说起。我在2005年初提出这一决定后，下属制定了日程表称通常需要花费一至两年的筹备时间，加急的话勉强可以在9月召开临时股东大会。但我并没有接受这一预估时间，反而严令员工必须在同年5月召开第一届定期股东大会。最终职员们达成了我的要求，集团在9月正式转制为控股集团，完成了可以说是远超出行业常识的日程表。

恰巧在这时，千禧零售当年的社长和田繁明正在寻找长期股东。和田为了重组西武百货，从子公司回到总公司重担大任，并在之后又和全体人员团结一致，重组了已经破产的崇尚百货。自从和田邀请我在他们公司的培训课上演讲以来，我和他常常相约打高尔夫，在工作之外也成了不可多得的好朋友。

而在我们集团决定控股化后，和田对此非常关注。当时的千禧零售正谋求上市，和田本人希望尽可能在日本的流通行业寻找到长期股东。我与和田在流通业的经营想法上有许多相似之处，因此双方一拍即合，迅速达成了合作意向。

如果按照常规日程表筹备集团的控股化进程，7&i控股集团的成立时间将有所推迟，那么就可能错失之后的所有时机，无法实现对千禧零售的并购。所以能抓住这一绝佳的时机，对我们而言真的是再幸运不过了。

突破公认常识与历史经验的行为，往往能遇见在普通情况下难以邂逅的幸运。在多数人都会妥协的地方坚持到底，则可能收获轻易得不到的好运气。回顾职业生涯可以发现，我的许多决定简直就是幸运的连环扣。

事业的成功不仅依靠能力与努力，有时也受到运气的影响。虽然运气在很大的程度上是偶然的，但是，通过突破历史经验与公认常识的挑战和努力，却能吸引一般情况下难以邂逅的好运气。

纵观世间，取得卓越成就的人大多都谦虚道："是我的运气好。"与其说他们受到了幸运女神的青睐，不如说他们凭借自身的努力与挑战吸引了幸运女神的关注。

相反，那些自觉已经很努力却依然在事业上磕磕绊绊的人，则经常发牢骚说："我可真是不走运。"其实，这并非只是单纯的没有受到好运气的眷顾，而是因为被某些因素所束缚，或是轻易地妥协，或是采取的工作方法让他们与幸运擦肩而过。

幸运只青睐于勇于挑战、坚持努力的人

在物质匮乏、需求大于供应的卖方市场时代，只要门店里陈列了商品，卖家就算当起甩手掌柜也能获得良好的业绩。换言之，畅销是卖方市场必然的结果。但是，在当今供大于求、物质过剩的买方市场时代，畅销已不再是必然结果，当顾客从众多商家中选中你时，或许也不乏某些偶然性的因素。

卖方若想把这一偶然变为必然，必须以破釜沉舟的决心发起挑战。例如创造打破"前定和谐"、兼具"高品质"与"便利性"的新产品，在店内大面积地陈列与宣传，指示店员积极地与客人搭话等，这些都体现了破釜沉舟的挑战与努力。

虽然这种挑战常伴有较高的风险，但是通过不断的努力，偶遇幸运的概率也会同步提升。要知道，幸运只青睐于那些勇于挑战、坚持努力的人。

本书以"销售力"为题，不仅介绍了我和我所访谈的各行业人士的想法与经历，还从种种不同的角度梳理分析了"何为销售力"。

观察各所大学企业管理学专业的课程可以发现，虽然专业设置了会计、市场营销、管理战略、金融、管理组织学等林林总总的科目，却唯独不见"营业"和"销售"的课程。2004年，我收到美国哈佛商学院和英国剑桥大学的邀请，为MBA（工商管理硕士）授课。在这些世界著名的商学院中也几乎没有关于"销售"的课程。

我想，这并不是因为"销售力"过于高深晦涩，难以在课堂上讲授，反而说明了其中的原理非常单纯，只需"站在顾客的立场上"考虑，执行"理所当然的事"即可。

如前所述，在我漫长的经商人生中，尽管身处零售业，却基本没有销售与在柜台收银的经验。这样的我之所以能负责一个大型零售集团的经营工作，所依靠的并不是销售经验，而是"站在顾客立场"思考的能力。同时也是因为我居安思危，把每天都看待为生死存亡的紧要关头、严肃对待工作的缘故吧。

假设我失去了现在的工作，进入人才市场谋求新职的话，到底有没有企业愿意雇用我呢？我想答案应该是否定的吧。我既不懂技术，也不曾考取过任何资格证书，更没有在零售第一线争取业绩的经验。虽然通过实践多少掌握了一些经营管理的规律与方法，但是也只限于特定的行业。如果我是企业的招聘经理，恐怕也不愿意雇佣曾经担任过社长的应聘者。

因此，我每天都严肃地对待工作，提醒自己"是否被过去的经验束住手脚"，然后下定决心向前迈进，勇敢发起挑战并持之以恒地努力。

想提高"销售力"的愿望，不仅是我身为零售业经营者的目标，相信也是每个读者共同的想法。并且，为达成这一愿望所应该做的事，不论是我还是大家也都是一样的。

认真工作在第一线的人们，一定没有偷懒或者浪费时间。每个人都以各自的力量，为工作付出了辛勤的汗水。若在这种情况下还是不能收获成功的话，请立即观察自己眼前的工作状况，把头脑恢复成一张白纸状态，返回原点重新思考。然后，一切都"站在顾客的立场上"考虑，把每天当作生死存亡的紧要关头般严肃对待，坚定地向前迈出步伐并不断发起挑战。

与其为自己找借口，不如放手一搏。准备好即便失败也要坦然接受的思想觉悟，无畏地做好一切力所能及的事，倾尽所有的力量。万一摔倒了，就及时反省自身，然后再次发起挑战。

请坚信，机会绝对会降临在严肃对待工作、态度认真诚恳的人身上。

激发个人成长

多年以来，千千万万有经验的读者，都会定期查看熊猫君家的最新书目，挑选满足自己成长需求的新书。

读客图书以"激发个人成长"为使命，在以下三个方面为您精选优质图书：

1. 精神成长

熊猫君家精彩绝伦的小说文库和人文类图书，帮助你成为永远充满梦想、勇气和爱的人！

2. 知识结构成长

熊猫君家的历史类、社科类图书，帮助你了解从宇宙诞生、文明演变直至今日世界之形成的方方面面。

3. 工作技能成长

熊猫君家的经管类、家教类图书，指引你更好地工作、更有效率地生活，减少人生中的烦恼。

每一本读客图书都轻松好读，精彩绝伦，充满无穷阅读乐趣！

认准读客熊猫

读客所有图书，在书脊、腰封、封底和前后勒口都有"**读客熊猫**"标志。

两步帮你快速找到读客图书

1. 找读客熊猫

2. 找黑白格子

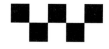

图书在版编目（CIP）数据

零售心理战. 不要为顾客着想，而是要站在顾客的立
场上思考 /（日）铃木敏文著；顾晓琳译. —— 南京：
江苏凤凰文艺出版社，2015（2025.7重印）
ISBN 978-7-5399-8284-7

Ⅰ. ①零… Ⅱ. ①铃… ②顾… Ⅲ. ①零售商店 – 连
锁店 – 商业经营 – 经验 – 日本 Ⅳ. ①F733.134.2

中国版本图书馆CIP数据核字（2015）第087167号

URU CHIKARA Kokoro wo tsukamu shigoto-jutsu by SUZUKI Toshifumi
Copyright © 2013 by SUZUKI Toshifumi
All rights reserved.
Original Japanese edition published by Bungeishunju Ltd., Japan
Chinese (in simplified character only) translation rights in PRC reserved by Dook
Media Group Limited, under the license granted by SUZUKI Toshifumi arranged
with Bungeishunju Ltd., Japan through TUTTLE-MORI AGENCY, Inc., Japan and
Beijing GW Culture Communications Co. Ltd., PRC.

中文版权 ©2015 读客文化股份有限公司
经授权，读客文化股份有限公司拥有本书的中文（简体）版权
图字：10-2015-122 号

零售心理战: 不要为顾客着想, 而是要站在顾客的立场上思考

［日］铃木敏文 著　　顾晓琳 译

责任编辑	丁小卉	
特约编辑	沈 骏　　姜一鸣	
装帧设计	读客文化　021-33608320	
责任印制	刘 巍	
出版发行	江苏凤凰文艺出版社	
	南京市中央路165号，邮编：210009	
网　　址	http://www.jswenyi.com	
印　　刷	三河市龙大印装有限公司	
开　　本	890 毫米 × 1270 毫米 1/32	
印　　张	8	
字　　数	120 千字	
版　　次	2015 年 6 月第 1 版	
印　　次	2025 年 7 月第 33 次印刷	
书　　号	ISBN 978-7-5399-8284-7	
定　　价	45.00 元	

江苏凤凰文艺版图书凡印刷、装订错误，可向出版社调换，联系电话：010-87681002。